Plein Soleil sur Saint-Tropez

JACQUELINE PITCHAL

PLEIN SOLEIL SUR SAINT-TROPEZ

Roman

À toi mon Guy, merci d'avoir été
Le magicien de ma vie. Celui de mes rêves
À ma fille Virginie.

La Ponche

La Ponche, c'est dans ce quartier si pittoresque de Saint-Tropez que Nina est née voici vingt ans. Elle y a vécu sa petite enfance, jusqu'à la mort de sa mère. Elle s'était sentie comme exilée, au début, quand son grand-père l'avait recueillie dans sa villa à quelques kilomètres de là. Mais Papinou et Manny Yvette, sa seconde épouse, avaient su très vite combler en la nourrissant d'amour le vide que ressentait l'orpheline. Souvent, elle revient à la Ponche, à la recherche de ses souvenirs, elle aime flâner dans ces ruelles pavées, très étroites qui semblent jouer à cache-cache entre elles. Certaines sont couronnées d'arcades anciennes, témoin d'un passé chargé d'histoire. Ici, on sent comme un parfum d'Italie. Les airs de musique dans la rue se mêlent aux odeurs de cuisine, le linge bariolé claque aux fenêtres, éclatant de propreté. Des pots de fleurs sont accrochés aux persiennes. Quand les femmes ont un moment, elles bavardent entre elles de maison à maison, et s'échangent très souvent leurs recettes :

« Qu'est-ce que tu as fait à manger aujourd'hui ? Ça sent bon...

– Une énorme soupe de poissons ! C'est la pêche de Jo ce matin ! Et toi ?

– Moi, j'ai fait deux gros plats de farcis, je suis tranquille pour deux jours au moins, c'est bon froid avec une salade et des croûtons aillés, je me régale encore plus le lendemain.

– Si tu veux, je te donne un peu de ma soupe de poissons, et tu me donnes un peu de tes farcis.

– Avec plaisir ! »

Dans ce quartier, la vie privée est difficile à cacher, surtout lorsque des scènes de ménage éclatent. Les voix résonnent, les murs se mettent à trembler. Ça y est ! Il y a de l'ambiance. On se précipite aux fenêtres pour ne pas en rater une. Bien des fois, avec les cris, la vaisselle voltige. Il est prudent de ne pas se trouver à ce moment sous cette fenêtre-là, car... Eh ! Oui, ça s'est déjà vu !

Les gens du Midi ont le sang chaud. Ils bouillonnent très vite. Lorsqu'ils explosent, bonjour les dégâts ! Derrière les voilages « bonne femme », les mamies observent en tricotant ou en raccommodant des chaussettes ou en rêvant de leurs souvenirs. Ah ! Si les vieux revenaient et voyaient leur Saint-Tropez, ils seraient affolés de voir ce qu'il est devenu ! Combien de fois Nina a entendu cette phrase au cours des veillées ! Elle vient aussi souvent rêvasser sur la plage de la Ponche ou sur la jetée. Elle contemple des heures ce panorama éblouissant surtout vers 18 heures. Le ciel se teinte de mauve pour caresser le bleu-gris d'une mer d'huile, et accrocher sa lumière sur les maisons ocre des pêcheurs. Seuls quelques couples d'amoureux viennent y parfumer leur amour. On se croirait dans un décor de théâtre italien.

C'est l'Italie encore, exubérante, qu'on retrouve vers 8 heures, quand les femmes se retrouvent au lavoir. Elles arrivent avec leur bassine pleine de linge, leur brosse, leur pièce de savon, leur battoir, et là, elles frottent, battent, tordent et rincent leur linge, telles des lavandières d'antan, tout en papotant dur !

Ici, c'est radio « pipelette ». En un rien de temps, elles habillent, déshabillent les copines, ou les voisines, à qui mieux, mieux. Aujourd'hui, elles disent bonjour. Le lendemain, on ne sait quelle mouche les piquent, elles sont fâchées.

Les machines à laver le linge et la vaisselle, elles les ont achetées pour leur standing et faire comme les copines, mais elles préfèrent, de loin, laver la vaisselle à la main, et le linge au lavoir. « C'est beaucoup mieux », disent-elles.

Tous les jours (sauf le dimanche réservé aux enfants) vers 17 heures, les anciens se retrouvent sur les « bancs de mensonges » face à la mer. Ils viennent ici, ces vieux Tropéziens, se détendre, se retrouver, discuter en patois, parler du bon vieux temps. Il leur arrive, eux aussi, de se fâcher. Alors, ils se tournent le dos, en boudant pour quelques jours, ou quelques heures, et vont s'asseoir sur des bancs différents à quelques mètres à peine. Il y a Madeleine, la célèbre poissonnière aujourd'hui à la retraite, toujours très coquette. Elle raconte, avec passion et talent, les histoires de son village, les parfume de son accent ensoleillé.

Il y a les autres, mais surtout Divine, de son vrai

nom Ordivine. Ce sont des amies qui lui ont donné ce surnom. Nina retrouve en elle l'affection d'une grand-mère. Divine adore les chats et passe son temps à s'occuper d'eux et « Moumoune » par-ci et « Surprise » par-là. Elle porte allégrement ses quatre-vingt-trois ans. Très coquette, bien maquillée, bien coiffée sauf lorsqu'elle enfonce sa casquette pour se protéger du soleil. Elle se vantait un jour de porter des panties et, comme ses copines ne voulaient pas la croire, pensant qu'elle plaisantait, elle a soulevé sa robe au milieu des hurlements de rire. Avec Divine, rien ne les étonne. Un jour qu'elle était en train de donner à manger à ses chats, un couple s'était arrêté pour admirer le panorama. Des effluves désagréables agressent leur odorat :
« Tu sens, chéri, cette odeur, c'est l'odeur de la marée peut-être ? »
Furibonde, Divine se tourne vers eux et s'exclame :
« L'odeur de la marée ! L'odeur de la marée ! C'est l'odeur de la merde, oui ! La merde de tous ces *estrangers* qui nous envahissent et nous bouchent " nos " tuyaux depuis deux mois ! » Elle ne parle pas bien sûr de celle des Tropéziens, elle est tellement chauvine qu'elle serait capable de prétendre que celle de « chez nous » sent la violette.

Les habitants de la Ponche sont très fiers de leur quartier, de ses maisons pimpantes, ils sont sans cesse sollicités par des promoteurs, les offres sont mirobolantes, mais ils se refusent à vendre.
« Notre maison, c'est tout ce qu'on possède, c'est

notre richesse. Ils nous offrent une fortune. Qu'est-ce que vous voulez qu'on fasse de cet argent ? À notre âge, on a moins de besoins. On irait où après ? On veut mourir là, dans notre paradis à nous, où on est nés. Quand on mourra, les petits, ils feront ce qu'ils voudront. »

Oui, tous sont fiers de leur quartier, car la Ponche est un village dans un village.

L'arrivée

Lorsque Peter arrive par hélicoptère à Saint-Tropez, il est exténué. Il y a plus de quarante-huit heures, avec le décalage horaire, qu'il n'a pas dormi. Il a quitté Dallas la veille à 17 h 40, pour arriver à Orly à 10 h 30 ce matin. Il a dû attendre 13 h 45, pour reprendre le vol de Nice, où il est arrivé à 15 h 05, puis cet hélicoptère pour venir à Saint-Tropez, afin d'éviter les embouteillages et la fatigue supplémentaire de la route. Il a hâte d'arriver à l'hôtel pour prendre un bain et se relaxer. Cette chaleur accablante l'étouffe. Il a du mal à respirer. Mais, lorsque s'ouvre devant lui la baie de Saint-Tropez, enveloppée d'une blanche brume de chaleur comme suspendue au-dessus de la mer, son cœur bat. Cette rencontre amoureuse, longtemps attendue, réveille en lui ses origines tropéziennes.

Son grand-père faisait partie des huit premiers parachutistes qui touchèrent le sol tropézien. Le jeune Américain rencontra la belle Magali. Coup de foudre réciproque, elle avait la beauté de ses dix-huit printemps.

Il revint la chercher, un an et demi plus tard, pour l'emmener aux États-Unis et l'épouser. Elle lui donna en cadeau de mariage un superbe poupon, son propre échantillon, issu de leur amour, et de la folie de la guerre, où Magali avait perdu sa famille, des résistants, fusillés sous ses yeux par les Allemands. Elle avait abandonné son village avec regret, laissant son bonheur perdu, le cimetière de son passé. Meurtrie, déchirée, dans son corps et dans son cœur, l'ironie du sort lui offrait en échange un mari ! Devant elle s'ouvrait un autre monde, un pays inconnu : l'Amérique !

Peter regarde les bateaux qui sillonnent la mer étoilée. Certains font la course, créant derrière eux d'immenses vagues, qui font tanguer au passage les autres bateaux, dont les occupants, furieux, gesticulent. Il est 17 h 50, lorsque l'hélicoptère se pose à l'héliport du Pilon, où le chauffeur de l'hôtel l'attend. Au long du trajet, pare-chocs contre pare-chocs, les klaxons s'en donnent à cœur joie. Une foule hétéroclite déambule entre les voitures, avec une allure nonchalante, rêveuse. Le spectacle qui s'offre à ses yeux est étourdissant. Une fourmilière bariolée. Après d'interminables minutes, le chauffeur trépigne et dit avec un accent chantant :
« Pétard ! Regardez-les tous ces fadas ! Ils viennent comme à la foire voir les vedettes sur le port, ils espèrent croiser B.B. »
C'est vrai qu'elles sont là les stars, mais cachées à l'intérieur de leur villa, ou sur la place des Lices, en train de jouer à la pétanque entre deux pastis, sous les platanes avec les gens du pays.
« C'est la première fois que vous venez à Saint-Tropez ?
– Oui.

– Hé ! Vous ne serez pas déçu ! C'est le folklore ici, y en a pour tous les goûts. Le seul ennui, c'est que l'été on s'asphyxie, le mieux, c'est de venir au printemps ou en automne, là, c'est le paradis... »

Peter écoute distraitement le bavardage du chauffeur.

« Mais les touristes, ce qui les intéresse, c'est le port avec les gros bateaux, les plages de nudistes, les stars. Le vrai Saint-Tropez, ils le connaissent pas... »

Ils sont enfin arrivés. Peter donne un pourboire royal au chauffeur, et sort de la voiture en titubant. Le voyage, la chaleur, le décalage horaire, il n'en peut plus. À la réception, on lui remet un message :

Appelez-moi dès votre arrivée – M. Roupilo.

Peter sourit, il avait hâte de connaître cet homme. Son grand-père lui en avait tellement parlé durant son enfance. Il lui avait raconté en détail ce fameux débarquement qui a marqué sa vie, les souvenirs inoubliables qu'il avait gardés de ce village, des Tropéziens, de l'accueil chaleureux qu'ils lui avaient témoigné, notamment ce M. Roupilo.

À peine dans sa chambre, Peter lui téléphone. M. Roupilo l'invite à déjeuner le lendemain. Il passera le prendre à l'hôtel en fin de matinée vers 11 h 30. Peter est ravi de ce coup de téléphone. Malgré sa fatigue, il se sent bien, détendu.

La rencontre

Le lendemain matin, à 11 h 30 précises, M. Roupilo se présente à l'hôtel. Peter l'attend en lisant son journal, dans le hall, face à l'entrée. Sans l'avoir jamais vu, il le reconnaît tout de suite. Casquette sur la tête, il a mis apparemment son vieux costume du dimanche. Les quelques kilos pris durant les dernières années n'arrangent pas le costume. On le sent mal à l'aise dans cet endroit luxueux. Le visage est avenant, de grands yeux noirs, vifs et malicieux.

Lorsqu'il voit Peter qui vient à sa rencontre, un large sourire éclaire son visage. Il est agréablement surpris par ce grand gaillard, mince, châtain, aux yeux vert émeraude, effilés en amande, pailletés d'or. Son sourire séduisant laisse apparaître des dents blanches superbes. Il est vêtu d'un pantalon en coton blanc, d'une chemisette en voile d'un vert très pâle, qui met en valeur la couleur de ses yeux. Au grand étonnement de M. Roupilo, il a, suspendu à son cou, la médaille de Saint Torpès, cadeau sans doute de sa grand-mère. L'allure saine et sportive du jeune homme plaît tout de suite à M. Roupilo, qui ne peut s'empêcher de penser : Pétard ! Ça c'est un beau garçon ! Il ressemble à Paul Newman jeune. Ma Nina, comme je la connais, il va lui taper dans l'œil ! D'un geste théâtral, il retire sa casquette et lui donne une poignée de main si puissante que Peter a du mal à retenir une grimace.

« Monsieur Peter ? Je vous ai tout de suite reconnu : vous ressemblez à votre grand-père quand il était jeune. Vous parlez français au moins ?

– Oui, ma grand-mère ne me parlait qu'en français. »

Rassuré, il regarde de droite à gauche et s'exclame :

« Boudiou ! Que c'est beau ici, cette décoration, tous ces marbres, cette fontaine, ça a dû coûter bonbon ! »

Le concierge de l'hôtel, amusé, sourit. M. Roupilo lui adresse un retentissant au revoir, comme s'il le connaissait depuis toujours. Puis il conduit Peter vers une vieille Méhari beige qui attend devant l'hôtel.

« Bien sûr, ce n'est pas la Rolls, dit-il en regardant celle qui est garée à proximité, mais elle marche bien ma " titine ". Elle, au moins, n'est jamais malade. »

Au moment d'ouvrir la portière, il se ravise, prend Peter par le bras et se dirige vers la place des Lices.

« Ah ! Si vous permettez, on va laisser la voiture ici, on ira plus vite à pied. Je dois passer au *Bar des Amis* pour faire mon tiercé. Un ami m'a donné un bon tuyau. C'est vrai que je perds beaucoup et gagne très peu. Ça m'amuse. Je trouve ça super, comme dirait ma petite-fille. Elle est là en vacances. Ça tombe bien, vous allez la connaître. Elle vient très peu à Saint-Tropez. Elle vit à Paris. Vous allez voir comme elle est belle. Elle est le soleil de ma vie. Lorsqu'ils la voient, les garçons d'ici, ils sont comme des fadas. Ils la regardent avec des yeux de merlans frits. Elle est tellement brave, et puis le cœur, elle l'a sur la main. »

Le Bar des Amis

Peter et M. Roupilo atteignent enfin le *Bar des Amis*, inconnu des touristes, mais où les Tropéziens se retrouvent pour taper le carton, boire le pastis, raconter des histoires ou discuter politique. L'entrée des deux hommes est saluée de sifflements et de lazzis.

« Hé ! Roupilo ! Qu'est-ce qui t'arrive, se moque le patron du bar, tu vas à la noce sapé comme ça ? Oh, fan de chichourne, j'ai failli ne pas te reconnaître ! Je t'ai pris pour un *estranger*.

– Arrête tes conneries, et sers-mois un pastis. »

Il se tourne vers Peter.

« Qu'est-ce que vous prenez ?

– Un martini.

– " On the rocks ? " demande le patron.

– *Please !* »

Peter observe le spectacle qui s'offre à ses yeux, à cette heure sacrée de l'apéritif et du tiercé. Ça parle fort, ça gesticule, ça se traite en riant de menteur, de fadas, ça rigole pour un rien. On dirait des gosses pendant la récréation. Il y a une folle ambiance dans ce bar parfumé à l'anis. Sur le comptoir, une grande anchoïade est offerte par la maison.

Certains discutent, accoudés au comptoir, le verre de pastis à la main, d'autres font le tiercé, d'autres poinçonnent des tickets de PMU, d'autres encore jouent aux cartes en s'engueulant jovialement. Le plus âgé pourrait avoir l'âge de son grand-père, bien bronzé, en short très court, bariolé de couleurs vives. Tout en jouant aux cartes, il reluque d'un œil vil et malicieux une jolie blonde qui se trouve non loin de lui et qui pourrait être sa petite-fille. Il lui lance des compliments égrillards qu'elle accueille avec de grands rires.

« Hé ! Lolo, grommelle son partenaire, on va perdre la partie si tu continues tes singeries !

– Té ! Fada ! J'ai l'œil à tout. Je suis comme Napoléon, je peux faire plusieurs choses à la fois. »

Devant le bar, à même le trottoir, les vieux pêcheurs, casquette sur la tête, sont assis à califourchon, le regard moqueur : ils s'amusent à regarder passer les gens, échangent des réflexions en patois.

Un homme d'une cinquantaine d'années pénètre dans la salle, cheveux noirs frisés, gominés, le Méridional type, de blanc vêtu, chaussures compensées. Il s'adresse au patron en se marrant :

« Té ! Aujourd'hui, je me sens en pleine forme, dit-il en se tapotant avec satisfaction sa bedaine, sers-moi vite un pastis. Je suis pressé. J'ai des invités à déjeuner. Figure-toi que ce matin, je suis descendu au marché à 8 heures, ma femme leur fait un poulet à l'estragon et, couillon que je suis, j'ai oublié l'estragon ! Je suis obligé de me taper cet embouteillage pour revenir ! Je vais en profiter pour jouer au tiercé, j'ai un bon tuyau.

– Depuis que je te connais, tu as toujours des bons tuyaux, lance M. Roupilo, mais ils sont toujours percés ! »

Éclats de rire dans la salle.

Le nouveau venu se retourne, piqué au vif.

« Té ! Ma parole ! Tu as cassé l'armoire à glace aujourd'hui. Tu devrais mettre ton costume au rayon reliques. Il date de l'an quarante, le pauvre ! Au moins les moustiques, ils ne te piqueront pas, tellement tu empestes la naphtaline ! Va, tu es quand même beau ! C'est lui l'Américain dont tu m'as parlé ? »

Sans attendre de réponse, il s'avance vers Peter, main tendue.

« Puisque ce zigoto ne nous présente pas, je le fais à sa place. Moi, c'est Marius, le roi des pêcheurs. C'est moi qui fournis les grands restaurants du coin. »

Une voix retentit au fond du bar :

« Le roi des pêcheurs ? Peuh ! Le roi de l'entourloupette, oui ! »

Marius sursaute, se retourne, furieux.

« Répète un peu, espèce de jaloux ! Il te faudrait pêcher à la dynamite pour sortir une sardine ! Ton poisson à toi, il vient tout droit du Maroc, alors avec le trajet, les pauvres, ils ont le temps de mourir dix fois. Mes poissons à moi, ils sont tellement frais qu'ils frétillent encore dans l'assiette du client.

– Vé peuchère ! Il n'est pas tropézien pour rien celui-là ! Je t'ai vu passer l'autre matin sur le port, et je n'étais pas le seul témoin, tout le bar du *Gorille* t'a vu. Tu étais tellement endormi que tu tenais la cagette de poissons d'une seule main, à la verticale, et tes pauvres sardines congelées se tenaient plus droites que toi dans leur glace. Les gens se fichaient de toi, et toi, pauvre couillon, tu bayais aux corneilles, et tu t'es rendu compte de rien. »

Ce genre de dispute se produit fréquemment ici. Cela ne va pas très loin, ça se termine en général par des éclats de rire devant un verre de pastis.

Dans le brouhaha des conversations, Roupilo annonce à un ami pêcheur qu'Yvette leur prépare la bouillabaisse. Son interlocuteur se tourne alors vers Peter.

« La bouillabaisse, chez nous, c'est un plat sacré. Faut être en état de grâce pour la savourer, se la languir, se la déguster avec un bon petit vin blanc du pays bien glacé. Té ! Rien que d'y penser, j'en ai presque l'eau à la bouche ! »

Passent devant le bar deux jeunes filles pas très jolies. Marius s'exclame :

« Oh, pétard ! Leur mère les a vraiment ratées toutes les deux ! Regardez la blonde, elle ressemble à une sole séchée après deux jours de mistral, et l'autre, la pauvre, quand elle était petite, elle a dû tomber de son landau en oubliant son casque. »

Un autre avise une starlette sur le trottoir d'en face.

« Oh, fan ! Venez voir la pépée qui arrive, *Mamma Mia*, quel canon ! Celle-là, j'en ferais bien mes dimanches !

– Pourquoi, répond Marius, en semaine tu freines ?

– Je freine quand je n'ai rien à me mettre sous la dent, mais par contre s'il m'arrive de freiner, toi, avec la tête que tu as, tu dois souvent caler ! »

Après avoir avalé son reste de pastis, M. Roupilo regarde sa montre.

« Boudiou ! On est en retard, ma femme va me sonner les cloches. Allez, *ciao* ! Tout le monde ! »

Nina

La vieille voiture quitte la route goudronnée, bordée de palmiers, pour emprunter un chemin de terre cahoteux et sinueux. Bringuebalé en tous sens, Peter se dit qu'il faudrait au moins une Range Rover pour épouser toutes ces anfractuosités du terrain. Climatisée si possible, ce ne serait pas du luxe, tant la chaleur est torride et l'air étouffant.

M. Roupilo sort de la poche de son pantalon un mouchoir plié en quatre, bien repassé, parfumé à la lavande. Il s'éponge le front. Il a depuis un bon moment retiré sa veste qu'il a rangée sur la banquette arrière, dégrafé sa chemise, remonté ses manches. Malgré cela, des gouttes de sueur coulent sur son visage.

« Boudiou, *que calor* ! Heureusement que la voiture est décapotable. »

La route devient carrément impraticable. Elle s'enfonce dans un écrin de garrigue aux odeurs enivrantes. La voiture zigzague entre les genêts, les mimosas sauvages, les arbousiers, les lentisques. Dans les stridulations des milliers de cigales qui, accrochées aux pins parasols, chantent l'été.

Peter ferme les yeux un instant. Ces odeurs, ce décor sauvage le grisent. Il ressent une sensation étrange, très forte, qu'il n'arrive pas à définir. Il se met à imaginer une rencontre avec une superbe créature, ils s'aimeraient au cours d'une promenade dans la pinède, il lui ferait l'amour au creux d'une crique sauvage, bercés par le murmure des vagues et le cri des mouettes, le soleil brûlerait leurs corps en attisant leur désir...

La voix de M. Roupilo le sort brutalement de ses fantasmes.

« C'est ici ! On est arrivés. »

Une petite maison provençale, ravissante, perdue en pleine garrigue, nichée au milieu des vignes, entourée de massifs de lavande, d'oliviers, d'amandiers, d'eucalyptus, de pins parasols, au pied desquels cent variétés de plantes, de fleurs, d'arbustes se mêlent. Les mains de Roupilo ont semé, au gré de sa fantaisie, plates-bandes et massifs. Comme un peu partout dans la région, la maison se prolonge par une ramade, terrasse couverte et fleurie de rosiers grimpants, écarlates. Aux murs en pierre du pays s'accrochent des bougainvillées et des sortes de lianes aux grosses clochettes jaunes orangé. Cette végétation s'enlace, s'entrelace, se mêle à la vigne vierge, se relaie, fleurit selon les saisons.

La terrasse est délimitée par d'énormes jarres emplies de géraniums. D'odorants buissons de romarin taillés en boule se trouvent à proximité de la cuisine « pour parfumer les plats d'Yvette », dit Roupilo, qui fait à son hôte les honneurs des lieux.

« Ici, c'est notre paradis. On a tout : le potager, les arbres fruitiers, la vigne, les poules, les lapins, les pigeons. On avait même deux chèvres, Mélissa et Chloé, mais elles s'ennuyaient les pauvres bêtes, alors, je les ai ramenées au chevrier dans la montagne. »

Yvette attend sur le perron. Deux setters jappent à ses côtés. Elle a entendu le coup de klaxon de son mari. Mains sur les hanches, l'œil curieux, elle les regarde s'avancer et ne peut s'empêcher de penser : « Oh ! Le beau gosse ! Et, en plus, il est milliardaire. Ce serait un bon parti pour ma Nina. » Il faut dire qu'Yvette lit beaucoup de romans sentimentaux !

Elle accueille chaleureusement le jeune homme et lui offre le vin d'orange, l'apéritif maison, dont elle lui confie, avec une mine de conspirateur, que c'était une vieille recette de famille.

Dans le salon où ils se tiennent, il y a une immense cheminée où les bûches et les pommes de pin sont prêtes à crépiter pour une veillée provençale. Les meubles rustiques, luisants de cire, supportent des bouquets champêtres posés sur des napperons de dentelle. Un vaisselier au bois patiné par les ans exhibe des assiettes décorées de personnages représentant les petits métiers du pays, et une collection de carafes en cristal. Le buste du Saint Torpès trône au-dessus de la cheminée.

Tout brille, tout scintille de propreté. Tout respire le bonheur, la quiétude. La pendule de grand-mère balance en musique les secondes. Le sol est recouvert de tommettes. Les fenêtres à meneaux cassent la lumière. Les arbres forment un rideau d'ombre qui préserve la fraîcheur des lieux. Et cette sublime odeur de bouillabaisse qui embaume la pièce ! Peter ne peut s'empêcher de penser à feu son grand-père. C'est comme si celui-ci lui adressait un clin d'œil.

L'entrée de Nina le laisse cloué sur son fauteuil. Elle s'approche de lui, belle et désinvolte.

« Bonjour, heureuse de vous connaître. Je sais que vous parlez notre langue, tant mieux car mon anglais est plutôt approximatif. »

Peter, sous l'effet de la surprise, a du mal à se redresser pour lui tendre la main. La créature de rêve qu'il avait imaginée tout à l'heure, elle est là, dans son éclatante jeunesse, avec de longs cheveux blonds, un corps parfait qu'il devine sous sa robe légère. Il reste ébloui par l'immense, le profond et fascinant regard de ses yeux turquoise.

Est-elle le printemps ? L'été ? Elle parle, mais Peter ne l'entend pas. Il la fixe des yeux avec tant d'intensité qu'elle se met à rougir. D'autant qu'elle aussi est troublée. Qu'est-ce qu'il est beau ! pense-t-elle. Je sens que je vais avoir du mal à ne pas craquer...

La voix d'Yvette les fait revenir sur terre.

« C'est prêt, on passe à table. Papinou, ouvre-nous la bouteille de vin blanc ! Peter, vous vous mettez à ma droite, et Nina se met à côté de vous ; voilà, comme ça, on sera bien. Vous savez, Peter, nous sommes des gens simples, chez nous, on ne fait pas de chichis ; ça se passe à la bonne franquette. »

Dans la tête de Peter, ça tourne un peu. Il ne sait si c'est le vin blanc, le décalage horaire ou le regard de Nina. Heureusement que M. Roupilo et Yvette tiennent la conversation.

Nina, elle, observe discrètement Peter ; elle lui trouve un charme fou. Leurs regards s'accrochent, se fuient, s'esquivent. Elle se fait elle-même la leçon : attention, danger, tu es foutue si tu tombes amoureuse de lui : il n'est pas pour toi, c'est le fils d'un richissime Texan ! Moi, je ne suis qu'une petite-fille de paysan, et les rêves perdus, ça suffit comme ça. Son visage s'assombrit tout d'un coup. Elle se jure de ne jamais tomber dans ses bras pour rien au monde, elle se lance ce défi.

La voix de Papinou s'élève :

« Alors, comment vous la trouvez la bouillabaisse ? Et ce petit vin, fameux non ? La bouillabaisse, ils ne connaissent sûrement pas ça à Dallas, mais votre grand-père, lui, la connaissait. »

Peter est touché par leur simplicité, leur générosité, il se sent merveilleusement bien, comme envahi d'un doux bonheur. Ces gens sont tellement naturels, sans artifices, qu'il a l'impression de les connaître depuis toujours. Pourtant, il a du mal à suivre leur conversation ; c'est comme une mélodie dont on ne comprend pas les paroles, mais qui arrive à vous faire vibrer par le timbre d'une voix et la beauté de la musique. Il aime leur accent parfumé de soleil. C'est vrai qu'il y a des accents qui nous font s'évader et déclenchent dans notre imagination des images de pays lointains, exotiques, selon nos états d'âme, nos rêves, nos désirs, nos rencontres... Dans ce déjeuner, chaque geste est poésie ; le rince-doigts est remplacé par une jolie feuille veloutée, cueillie dans le jardin et qui dégage une odeur de chlorophylle ; les fromages sont présentés sur des feuilles de vigne décorées de grappes de raisin, noir et blanc, et de figues transformées en fleurs... Dans la coupe de porcelaine ancienne, savamment arrangée, les plus beaux fruits de saison offrent une palette de couleurs extraordinaires.

La voix de M. Roupilo interrompt ses rêveries.

« J'ai bien connu la famille de votre grand-mère. De braves gens, sérieux, honnêtes, travailleurs, aimés de tout le monde. Mon Dieu ! Je me souviens encore, comme si c'était hier, de Magali. Elle promenait le soleil dans ses yeux dorés. Elle avait un succès fou auprès des jeunes du pays. Mon meilleur ami l'avait même demandée en mariage. Vous savez ce qu'elle lui avait répondu, d'un air mi-ironique, mi- sérieux ? " Un jour, mon Prince Charmant viendra me chercher, il ne sera pas tropézien, il sera étranger, d'un pays très lointain. C'est une voyante qui me l'a prédit... " L'Antoine, il l'a traitée de folle. Il était surtout vexé d'avoir été rembarré. »

Peter et Nina l'écoutent attentivement. M. Roupilo a un tel don de conteur, avec sa voix chaude et son fort accent, qu'on croit assister aux scènes qu'il décrit. Nina insiste pour qu'il raconte la scène du débarquement qui intéresse Peter et la passionne elle-même. Car M. Roupilo a joué un rôle important dans la Résistance. C'est un héros de guerre. Yvette leur propose de venir prendre le café dans le coin salon où ils seraient mieux installés pour écouter ce genre de récit.

Quelques instants plus tard, son verre de vieille fine à la main, la pipe de l'autre, le regard de M. Roupilo s'éloigne d'eux pour plonger dans le passé, quarante-huit ans en arrière. Ses yeux pétillent, son visage s'anime, rajeunit presque...

Le Débarquement

« La veille du débarquement, le lundi 14 août 1944, je descendis en ville pour retrouver mes chefs de la FFI. Pas moyen de mettre la main dessus ! Alors, je remontai chez moi à Bellevue. Tout au long des chemins, des ruisseaux, des recoins, les Tropéziens se cachaient avec femmes, enfants, vieillards. Tout le monde était dans la campagne, dans les collines avoisinantes. Ils n'avaient pas attendu l'ordre d'évacuation. Ils avaient emporté avec eux des matelas, des couvertures, des vivres pour plusieurs jours. Lorsque j'arrivai à la maison, je fis descendre à la cave tous les gens qui étaient chez moi. Il fallait un abri sûr car j'avais peur des représailles des Allemands, et surtout des bombes qui pouvaient nous tomber dessus ! Je leur avais installé des paillasses, de la nourriture, du vin. J'avais tout prévu. Je leur ai demandé de ne pas bouger, de rester tranquilles, et surtout pas de lumière !

« De son côté, le maire de Saint-Tropez, l'ingénieur René Girard, venait de brancher sa radio. À travers le brouillage allemand, la voix du speaker de la BBC lui parvenait difficilement. Depuis 1943, il dirigeait un important groupe de résistants de la région des Maures et, depuis une vingtaine de jours, il nous tenait en alerte constante. On attendait avec impatience l'annonce du débarquement allié. On ignorait le lieu exact où frapperaient les Alliés, mais lui seul savait les dispositions qu'il devrait prendre dès que les messages passeraient. Tous les jours, penché sur son poste, il écoutait les messages mais en vain. Il en passait certains jours jusqu'à soixante-cinq, qui ne comportaient aucune signification pour lui. Et ce soir-là :

« " L'HEURE EST PLEINE DE PARFUMS ET DE CLOCHES SONNANTES SUR LE FLEUVE. ON NE PÊCHE PAS LE BROCHET SUR UNE ÉCHELLE. LE JAUNE DES CROCUS TACHE LES PRÉS ACIDES. "

« Le speaker s'interrompit et reprit :

« " ATTENTION, MESSAGE TRÈS IMPORTANT POUR SAMUEL ET ARTHUR. "

« Le maire soupira, rien de tout cela n'était pour lui. Ce ne serait pas encore pour ce soir. Mais il garda quand même l'écoute jusqu'à la fin de l'émission lorsqu'un message le pétrifia :

« " GABY VA SE COUCHER DANS L'HERBE, NANCY A LE TORTICOLIS... "

« Pendant une fraction de seconde, son cœur s'arrêta, il n'en croyait pas ses oreilles, mais la voix de Londres répétait la première partie du message, signifiant que les Alliés débarqueraient dans les jours immédiats !

« Le speaker répéta :

« " NANCY A LE TORTICOLIS. "

« Le maire pensa qu'il avait tout le temps de mettre ses hommes sur le pied de guerre et de s'activer aux derniers préparatifs, lorsque, soudain, le speaker annonça :

« " LE CHASSEUR EST AFFAMÉ ! LE CHASSEUR EST

AFFAMÉ ! " ”

« Oh, fan de chichourne, le maire, il avait l'impression de recevoir la cloche de l'église sur la tête : ce dernier message signifiait que le débarquement était pour le lendemain 15 août à 7 heures ! Il prévint immédiatement ses chefs de section, et tous reprirent l'écoute à l'émission suivante, celle de 21 heures.

« Vers 3 heures, le mardi 15 août, les autorités occupantes ordonnèrent au maire de faire évacuer la ville car le port, préalablement miné, allait sauter. Soixante mines de la Kriegsmarine, contenant chacune plus de cinquante kilos d'explosifs, disposées sur le quai, les égouts, le môle du Portalet, ainsi que six autres, encore plus puissantes (de neuf cents kilos), attendaient leur mise à feu sur les deux cent cinquante mètres de la jetée. L'*Oberleutnant* M. A. Heinsohn avait reçu l'ordre de faire sauter toutes les installations portuaires de Saint-Tropez. Les salauds ! Vous vous rendez compte ! Les Allemands s'étaient retranchés à la Citadelle.

« Pendant ce temps, des centaines d'avions arrivèrent, le ciel en était tout noir. Ils lâchèrent trois mille parachutistes sur la région, jusqu'à Vidauban et au Muy.

« Sur la mer, une armada formidable apparut. Un millier de navires de tous tonnages, vaisseaux de guerre, transports de troupes, s'avancèrent en rangs serrés vers la côte.

« J'étais assis sur ma terrasse où je dominais tout Pampelonne. Ce spectacle, pour tout l'or du monde, je n'aurais pas voulu le manquer ! C'était fantastique ! Toute cette baie, remplie de bateaux, de tanks. J'entendais le ronronnement des moteurs. J'avais la longue-vue et je n'en perdais pas une. J'étais comme un fou, mais une autre surprise m'attendait. Malgré la nuit, il y avait un spectacle hallucinant dans le ciel, on aurait cru un immense champ de fleurs : des dizaines de parachutes descendaient lentement, des rouges vifs, des jaunes, des bleus, des verts, des tricolores. Les loupiotes accrochées aux casques et aux cous des soldats brillaient comme des étoiles. Ils atterrissaient un peu partout, dans les vignes, dans les jardins, les volières, sur les toits. Des malchanceux se payaient un pin parasol où ils restaient suspendus... C'était grandiose, fascinant ! Mon cœur battait comme un dingue. J'ai sorti en vitesse mon brassard de FFI pour que les paras sachent que je n'étais pas un collabo et me suis mis à siffloter *La Marseillaise*, au risque de me faire zigouiller par des Allemands battant en retraite, mais cela m'était égal, j'étais pris d'une telle euphorie ! J'ai été bientôt encadré par cinq grands colosses, leurs petites loupiotes brillaient encore sur leurs casques et leurs cous. L'un d'eux m'a demandé :

« " Le Mouy ?

« Oh non ! Pas le Muy, Saint-Tropez. "

« Ils ont eu l'air très surpris. Celui qui parlait un peu français était votre grand-père. Je les ai emmenés ensuite au poste de commandement de la brigade des Maures, comme ils me le demandaient. À la villa

Bellevue, où le maire, M. Girard, chef des FFI, ainsi que ses deux principaux adjoints, Despas et Sabatier, les ont reçus avec enthousiasme. Puis je suis retourné à la maison où j'ai fait sortir tout mon monde. Le jour s'était levé. J'ai offert à boire aux paras qui arrivaient de partout, par groupes, avec leur barda qui devait peser au moins quarante kilos, si ce n'est plus ! Avec leurs armes, leurs téléphones, leurs vivres. Ils désiraient essentiellement de l'eau ! Peuchère ! moi qui aurais voulu leur proposer un petit blanc ! Dans l'après-midi, ils m'ont demandé de leur trouver un endroit pour installer leur réseau téléphonique. C'est derrière la maison qu'ils ont trouvé leur bonheur, à la Potence. De cet endroit, la vue est très dégagée, on voit très distinctement Saint-Raphaël, Les Salins, Pampelonne, le cap Camarat. J'ai vu arriver des camions de trente à quarante tonnes chacun avec d'énormes antennes. En quelques heures, tout était en place, les antennes tournaient dans tous les sens, c'était fantastique. Vous ne pouvez imaginer l'euphorie qui régnait ! Pour le souper, maman avait préparé une énorme marmite de soupe de courge. À cause de la pénurie, on n'avait pas beaucoup d'autres légumes. Mais tous ces braves soldats préféraient ça à leurs rations. Ils retrouvaient une ambiance familiale. En échange, ils ont rempli la maison de cigarettes, de chocolats, de conserves. Ils embrassaient maman.

« D'autres parachutistes n'ont pas eu la même chance que votre grand-père et sa section. En effet, certains avaient été largués, dans la nuit au-dessus de la mer, par erreur. Une sorte de brouillard flottait au-dessous d'eux (c'est l'un des rescapés qui l'a raconté). Peut-être n'ont-ils pas réalisé l'horreur qui les attendait. Ils ont coulé à pic, avec tout leur chargement.

« Vers 5 h 45, les Allemands ont fait sauter le port. Le ciel s'est embrasé, d'épais nuages de fumée et de poussière couvraient la ville, les déflagrations ont secoué le sol pendant plusieurs minutes, c'était dantesque. Tous les gens qui s'étaient réfugiés dans les campagnes pensaient que plus rien ne restait de leurs maisons. C'était horrible pour eux. Mais ils étaient vivants. N'était-ce pas l'essentiel ?

« À 6 heures, les troupes américaines débarquèrent sur la plage de Pampelonne sans heurt, les batteries de Camarat ayant été détruites la veille par les Alliés qui nous ont lâché des centaines de bombes sur Les Salins et sur Camarat où les Allemands étaient retranchés dans leur bunker.

« Les camions alliés, surchargés de soldats, affluèrent vers la ville. On se sentait enfin en sécurité. On pleurait de joie, on s'embrassait. On était en plein délire collectif !

« Le lendemain, 16 août, le débarquement des troupes se poursuivit à un rythme accéléré. Saint-Tropez reçut la 3e division d'infanterie africaine. Elle accueillit aussi le ministre de la Guerre.

« La cité était en liesse. Elle se laissait aller à la joie et au bonheur de la liberté recouvrée. Avec mon ami, Jeannot Comte et six autres copains, nous avons attaqué la Citadelle où étaient encore retranchés les

Allemands. Ils se sont rendus vers le soir mais il y a eu pas mal de morts.

« Vers 20 heures, alors que les bateaux américains avec la DCA tiraient un feu d'artifice pour fêter la victoire, des bombardiers allemands ont tenté un retour offensif, surprenant la foule sur le port. Alors que celle-ci pensait que tout était fini, ils ont largué sur la ville de toutes petites bombes qui firent en quelques secondes des centaines de victimes parmi les soldats, les civils, et endommagèrent un grand nombre de maisons. La chapelle du couvent fut transformée pour la circonstance en hôpital, des dizaines de brancards étaient entassés les uns contre les autres, parmi les gémissements des blessés, l'odeur âcre de la mort glaçait l'atmosphère. »

Yvette sort d'une pochette les photos représentant le port bombardé, la plage de Pampelonne envahie de tanks, de soldats, de bateaux de toutes sortes...

M. Roupilo se lève péniblement de son fauteuil, encore bouleversé par l'évocation de ces moments dramatiques.

Dehors, le soleil commence à se coucher. Son auréole de feu illumine le ciel. Cette image, devant eux, les ramène au présent.

Nina et Peter

« Mon Dieu, tu as vu l'heure ? » s'exclame Yvette en s'adressant à Papinou.

Papinou ne répond pas. Sa pensée est restée accrochée au passé, ses yeux sont encore embués d'émotion.

Nina propose à Peter de le raccompagner en ville. Le jeune homme les remercie pour le déjeuner. Puis il félicite son hôte.

« Vous nous avez raconté le débarquement avec une telle précision que je croyais y assister en personne, j'y étais presque.

– Merci, mon gars. J'espère qu'on vous verra très souvent durant votre séjour. Nina va s'occuper de vous, elle va vous faire découvrir " notre " Saint-Tropez à nous, vous verrez, ça n'a rien à voir avec ce que l'on raconte sur nous. Et notre porte vous est grande ouverte ! »

Durant le trajet, les deux jeunes gens sympathisent très vite. La glace est rompue, le français de Peter pratiqué depuis sa plus tendre enfance, grâce à sa grand-mère d'abord et à ses professeurs ensuite, lui est aujourd'hui d'une grande utilité.

Ils rient comme des gosses en déambulant dans les ruelles de la Ponche. Elle lui promet de lui faire découvrir un Saint-Tropez inconnu des touristes, avec ses coutumes, ses secrets, ses poètes, ses traditions, ses habitants, son décor sauvage à deux pas de la ville bruyante. Elle lui promet aussi de l'emmener visiter les villages des alentours : Ramatuelle, Gassin, Cogolin, Port-Grimaud, Grimaud surtout, qu'elle affectionne tout particulièrement. Elle lui dit que le maire de ce village est un homme très sympathique qui dialogue avec tout le monde, parle en patois, embrasse les enfants, tutoie les vieux :

« Alors, mémé chérie, comment ça va aujourd'hui, et tes jambes ?

– Oh ! Monsieur le maire, ça va tout doucement. Je viens d'attraper mes quatre-vingt-trois ans ! dit-elle, rougissante.

– Tu en parais dix de moins !

– Monsieur le maire, ajoute Nina, aime séduire. Plus d'un cœur bat sous son regard bleu marine... C'est amusant de voir toutes ces petites vieilles jouer les coquettes avec lui et lui faire de petites scènes de jalousie.

– Dites, monsieur le maire, elle, vous l'appelez " ma chère ", et moi alors ?

– À toi, je te dis " Mon amour ", répond-il en lui plaquant un gros baiser sur la joue.

– Et moi, et moi », disent les autres mémés...

Le maire sourit, les embrasse toutes. Elles sont peut-être vieilles, mais elles gardent dans leurs regards une lueur coquine.

Nina imite avec tant de talent les attitudes des unes et des autres, les voix cassées des mamies, le ton enjôleur du maire que Peter ne peut s'empêcher d'en rire. Il est émerveillé par sa spontanéité, son naturel, sa gaieté. Il pressent d'avance qu'il ne va pas s'ennuyer en sa compagnie.

Le marché

Aujourd'hui samedi, c'est jour de marché. Nina a promis à Peter de venir le chercher à l'hôtel à 10 heures. Le marché, pense Nina, c'est idéal pour le mettre dans l'ambiance tropézienne. Son cœur bat très fort lorsqu'elle arrive devant l'hôtel ; elle a, en plus, très mal dormi. La venue de Peter l'a perturbée. Le chasseur, voyant cette vieille Méhari qui se gare devant l'hôtel, s'approche :

« Je regrette, mademoiselle, ces places sont réservées à nos clients.

– Oui, je sais, je viens chercher un ami. Puis-je garer ma voiture dans votre parking, pendant que l'on va faire nos courses ? »

À ce moment-là, Peter arrive. Il est un peu trop élégant pour aller au marché, pense-t-elle, pantalon blanc, chemise en soie bleu marine légèrement échancrée, Rolex en or... Ils s'embrassent comme s'ils se connaissaient depuis très longtemps.

Le marché est noir de monde, Nina, son couffin sous le bras, a du mal à se frayer un passage, Peter la suit, amusé. Une forte odeur d'herbes de Provence les assaille, les suit partout, telles des vagues. Il y a de tout sur ce marché, chacun y trouve son bonheur, on vient pour un achat très précis, on repart avec tout autre chose. Les couleurs éclatent au soleil, les voix chantantes résonnent de partout.

« Bonjour ! ma belle, qu'est-ce que je vous sers

aujourd'hui ? Té, goûtez-moi cette olive, vous m'en direz des nouvelles !

– Si vous distribuez des olives à tout le monde, à la fin de la journée, il vous en restera plus !

– Va, ça fait rien, la nuit je les vole, le jour je les vends ! »

Plus loin, la Maryse accroche les clients avec sa tenaille et son porte-pantalon magique... Un arrêt à son stand vaut le détour, rien que pour entendre son bagou invraisemblable ! La délicieuse odeur de la pizza traverse les stands des tissus provençaux, du cuir, du bois d'olivier et bien d'autres, pour venir vous chatouiller les narines. Difficile d'y résister ! Nina commande sa pizza préférée, tomates, anchois, olives, parfumée d'origan. La patronne, belle brune piquante aux yeux de velours, accueille ses clients avec le sourire ; ici, on ne chôme pas, les pizzas défilent à une allure incroyable, le patron ne cesse d'enfourner. Malgré la chaleur, il blague avec tout le monde ou chantonne des ballades napolitaines.

Quant aux ménagères, pour elles, c'est l'endroit idéal pour rencontrer les copines. À chaque stand ou presque, elles papotent et racontent leur vie :

« Alors, les petits, ça va ?

– Oui, merci, je les ai envoyés en vacances chez ma sœur à Cavaillon, ils sont mieux qu'ici. Avec ces drogués, ces dingues qui rôdent, je préfère les tenir à l'écart. L'année dernière, ils m'en ont fait voir de toutes les couleurs. Je fermais la porte à clef pour qu'ils ne sortent pas la nuit, mais ils passaient par la fenêtre. Vous, vous rendez compte ! Les copains venaient les chercher en voiture. Ils allaient danser en boîte. Cette année, ceinture ! À Cavaillon, c'est plus calme ! Et moi, je dors plus tranquille. Mais, dites-moi, cet aïoli, il était réussi ?

– Ne m'en parlez pas, j'ai eu un mal fou à le monter. J'ai passé toute la matinée à le tourner, et que je tourne, et que je tourne, j'en ai encore mal au bras. Pour plus de vingt personnes, ce n'est pas facile. J'avais acheté de l'ail frais, comme je le trouvais un peu doux, j'ai doublé la dose. Du coup, je crois que l'aïoli était un peu fort car ils m'ont sifflé je sais pas combien de litres de vin. Enfin, ils se sont régalés, je les ai même vus se lécher les doigts ! Ils parlaient tellement que je ne pouvais pas en placer une. Après le dessert et le café, je ne les ai plus entendus, ils se sont endormis un peu de partout, dans le jardin, j'en ai même trouvé un qui ronflait dans les toilettes ! Pour être réussi, c'était réussi ! »

Ce genre de conversation sur le marché, c'est très courant, on en entend des vertes et des pas mûres, l'ambiance est folklorique, les gens sont heureux, détendus. On y rencontre souvent des célébrités. Certaines possèdent une maison dans le pays. Elles se fondent naturellement, sans prétention, dans cette foule bariolée, où, souvent, le ridicule, côté vestimentaire, est roi : mamies en minijupe, garçons maquillés à la Marilyn Monroe, ou déguisés en zouave, filles exhibant leur marchandise au bras de vieux lords avec monocle et short rose. Les gens du pays observent ce cirque d'un œil moqueur. Ici, on parle toutes les langues : l'allemand, l'anglais, l'italien, sauf, peut-être, l'esquimau.

Un homme, d'une cinquantaine d'années, aperçoit Nina et l'interpelle :

« Nina !

– Oh ! Bonjour, Augustin, je suis heureuse de vous voir !

– Et moi donc ! Viens que je te fasse la bise. Pétard ! Tu es de plus en plus belle ! Dire que je t'ai connue toute pitchounette et, maintenant, il faut que je relève la tête pour te regarder. »

Puis, se penchant à l'oreille de Nina, il murmure :

« C'est lui ton prince dont on m'a parlé ? »

Nina blêmit :

« Qui vous a dit ?

– Peuchère, tout le village est au courant !

– Non, non, ce n'est pas lui. Peter est américain, il est venu passer quelques jours à Saint-Tropez. »

Augustin, discret, n'insiste pas, il voit qu'il a contrarié la petite, aussi change-t-il de sujet. Regardant son couffin il lui dit :

« Qu'est-ce que tu as acheté de bon ?

– Des rougets du pays.

– Tu en as trouvé ? Quelle chance ! C'est toi qui cuisines aujourd'hui ?

– Oui. À ce propos, j'aimerais que vous me donniez votre recette, pour moi, c'est la meilleure. »

Les yeux d'Augustin pétillent. Il est flatté. Il lui dicte sa recette, tel un poète :

« Tes rougets, tu les laves, les essuies, mais tu ne les vides pas. Tu les mets tête-bêche, bien alignés, dans un plat allant au four, tu les arroses d'une légère pluie d'huile d'olive bien fruitée, tu parsèmes d'ail et de persil, tu vas dans ton jardin chercher la sarriette, le thym, la marjolaine, que tu émiettes, tu sales, tu poivres, tu verses un bon petit verre de vin blanc, et, cinq minutes avant de les sortir du four, tu jettes un jus de citron, et là, tes rougets, ils deviennent dorés comme ta chevelure ! »

Peter écoute et regarde d'un air amusé les conversations que Nina tient avec les uns et les autres, la façon qu'elle a de s'émerveiller devant les étalages.

Ils quittent le marché, le couffin plein et les bras chargés de fleurs. Nina tout à coup s'inquiète :

« Ça ne t'ennuie pas trop, Peter, de faire les courses avec moi ?

– Au contraire, ça me plaît beaucoup. Chez nous, à Dallas, ça n'existe pas, tous ces petits magasins et ces étals. Nous n'avons que des grandes surfaces impersonnelles, sans aucun charme.

– Ici aussi ça existe, mais les gens préfèrent les petits magasins, la qualité est meilleure, et ils sont mieux servis. Et puis il y a le contact humain, c'est plus agréable. Ah ! J'allais oublier la tarte tropézienne, une spécialité du pays, tu verras, c'est un régal. Après déjeuner, je vais t'emmener en balade près de Gigaro, l'endroit est sublime, complètement sauvage. »

Gigaro

La Méhari avance péniblement, elle a du mal à grimper cette route impraticable et poussiéreuse, bordée de bruyères, de chênes, parsemée de fleurs mauves. Elle fait un bruit infernal tout en cahotant. Nina commente le paysage à Peter, elle parle fort, le bruit du moteur qui fatigue couvre sa voix, de chaque côté de la route, la vue commence à se dévoiler. Ils sont en plein maquis, aucune maison à l'horizon, une végétation luxuriante s'étend à perte de vue. Au loin, telles d'immenses vagues douces, les collines se superposent, Peter plonge dans une douce béatitude ! Nina stoppe la voiture, invite Peter à descendre. Une brise légère les accueille, merveilleusement embaumée. Mille parfums les envahissent, ils titubent devant tant de beauté qui s'offre à eux. De tous les côtés, un panorama différent se dessine devant leurs yeux éblouis. Forêts de chênes, de mimosas, maquis de bruyères, collines de pins parasols et, au loin, la mer ! Comme une belle auréole d'un bleu infini, et, plus loin encore, les îles ! D'ici, ils dominent tout ! Un voilier blanc, solitaire, glisse devant un énorme rocher qui jaillit de la mer. C'est comme un rêve qui passe... On se croirait au bout du monde et pourtant on est à deux pas de Saint-Tropez.

Peter est grisé par ce panorama unique au monde,

par cette fille qui commence à secouer son cœur ; et puis cette brise qui joue avec sa robe légère, la colle à son corps, dévoilant ainsi ses courbes gracieuses et des trésors déjà devinés. Elle a retiré ses chaussures pour grimper sur les rochers. Voyant Peter immobile et rêveur, elle lui crie :

« Ça ne va pas ?

– Si, si, c'est seulement un excès de sensations. Et toutes ces odeurs, j'ai l'impression d'être ivre.

– C'est l'air ici, il est tonique, vivifiant. Tu as toutes les odeurs du maquis, poussées par le vent du large... C'est ça qui nous grise, ce soir on va bien dormir. »

Dormir, dormir, elle est bien bonne celle-là, il a plutôt envie de s'occuper d'elle, lui faire l'amour. La voir ainsi, les jambes nues, grimpée sur les rochers. La brise lui a révélé, comme pour le rendre fou, un minuscule slip blanc en dentelle qui épouse de ravissantes petites fesses bien rebondies. Il faut avoir le cœur bien accroché pour un homme normalement constitué ! Dieu lui offre un cadeau royal, il espère bien en profiter. Si c'était une autre fille, il y aurait longtemps qu'il lui aurait sauté dessus, mais, avec Nina, il a l'impression qu'il gâcherait quelque chose. Et puis elle le déroute avec son côté sauvageonne. Parfois, il a l'impression qu'elle a peur, qu'elle craint quelque chose. Il l'a surprise en train de surveiller le rétroviseur, et par moments, alors qu'elle croit qu'elle n'est pas observée, son regard devient lointain et triste. Malgré son exubérance, il la découvre secrète. Qu'est-ce que c'est que cette histoire de prince dont parlait Augustin tout à l'heure ? Aurait-elle un chagrin d'amour ?

Le soir même, après avoir dîné seul dans un restaurant sympathique, mais sans prétention, il se retrouve dans sa chambre. Il pourrait aller en boîte, mais il est sûr qu'il s'y ennuierait. Il n'en ressentirait que plus fort l'absence de l'autre, celle qui commence à occuper son cœur. Depuis ce matin, au désir qu'il éprouve pour Nina, se mêle le pincement de la jalousie. Ce prince, qui est-il ? Une simple relation, un ami, un amant ?

Il a du mal à s'endormir, sa nuit est agitée, remplie de cauchemars, il se réveille en sueur, angoissé, ce n'est que vers le petit matin qu'il s'endort, enfin, d'un profond sommeil.

Déjeuner à la ferme

Nina s'étire dans son lit comme une chatte, une bonne odeur de pain grillé et de café vient chatouiller agréablement ses narines. Quelle heure peut-il être ? Son regard ensommeillé se pose sur le réveil : 8 h 30 à peine. Les cigales et les oiseaux chantent et sifflent à tue-tête. Depuis toujours, hiver comme été, son premier réflexe, au matin, c'est d'ouvrir les volets pour voir le ciel. Lorsqu'elle est en vacances, selon qu'il est radieux ou couvert, elle s'accorde ou non une grasse matinée... Aujourd'hui, le ciel est d'un bleu intense, le soleil l'accueille de ses mille feux, l'éblouit même, caresse sa nudité. L'odeur du figuier et du jasmin qui grimpe jusqu'à sa chambre l'enivre. Les yeux mi-clos, elle respire profondément, c'est un temps idéal pour aller déjeuner dans la montagne. Il y a longtemps, plus de deux ans au moins, qu'elle n'est pas retournée à la ferme. Elle espère qu'il n'y aura pas trop de changements, qu'elle retrouvera cet endroit intact. Elle a demandé à Peter de se mettre en jean pour aller là-bas, elle tient absolument à ce qu'il connaisse cette ferme, elle ne peut s'empêcher de sourire en pensant à la tête qu'il va faire !
Lorsque sa cousine Floriane l'a emmenée dans cet endroit incroyable, si près de Saint-Tropez, inconnu et inattendu, elle a pouffé de rire, s'est amusée comme une folle, a regardé ce qui se passait autour

d'elle, complètement ahurie. Elle en a gardé un tel souvenir qu'aujourd'hui, elle aussi veut surprendre Peter à son tour.

Yvette chantonne dans la maison. Nina l'adore sa Manny qui l'a élevée, sa mère étant morte alors qu'elle avait quatre ans. Quant à son père, elle ne sait rien de lui. Lorsqu'elle avait cinq ans, une vieille femme du village lui avait dit : « Tu es une petite princesse, toi, tu as du sang bleu dans les veines. » Nina avait alors interrogé Yvette, provoquant sa colère contre la vieille. Depuis, le mutisme total. Manny Yvette est une vraie maman pour elle. Toujours de bonne humeur, aimante, généreuse, elle a ce qu'on appelle la richesse du cœur. Elle doit être en train d'astiquer les meubles car l'odeur de la cire se mêle à celle du café. Papinou, lui, est allé à la pêche, pour une « sardinade party » avec ses copains. Ils la font au bout de la jetée, en revenant de la pêche. Ils mettent les sardines à griller vers 7 ou 8 heures et arrosent cela copieusement avec le vin du pays. Si tôt, il faut le faire ! Mais ils sont debout depuis 4 heures, pour eux, c'est normal. Ensuite, vers 10 heures, ils se préparent un petit déjeuner plus copieux, des spaghettis, quelquefois même des langoustes grillées.

Chaque année, ils partent aux îles à deux bateaux, des « pointus », pour une dizaine de jours en célibataires, les femmes étant interdites, et là, c'est la fête ! Ils emmènent leurs barriques de vin, le pastis, leurs boules, les cartes à jouer, leurs palangres, un maximum de provisions. Là-bas, ils se font la tambouille dans les criques, avec le produit de leur pêche. Ils s'éclatent à fond, se marrent comme des gosses, le soir, bien souvent, ils ont du mal à regagner leur estive, car les ballons de vin rouge glissent bien dans leurs gosiers, alors ils s'écroulent sur la plage et ronflent à poings fermés jusqu'au petit jour... Pour Papinou, les copains, c'est sacré !

Accoudée à la fenêtre, les yeux dans le vague, le visage de Nina s'assombrit tout à coup. Elle sent monter en elle cette houle d'inquiétude qu'elle tente de refouler depuis le début de ses vacances. Tant de problèmes grondent dans sa tête, bousculent sa vie, son cœur ! Que faire ? Que va-t-elle devenir maintenant ? Elle n'a personne à qui se confier, il faut qu'elle assume ses responsabilités, sa naïveté. Elle paie cher ces quelques mois de bonheur. Elle est venue chez ses parents pour se reposer, trouver une solution, voir plus clair en elle-même, mais la douleur et le chagrin la minent dès qu'elle se retrouve seule. L'arrivée de Peter lui permet de surmonter sa solitude et sa peur, peut-être est-ce un signe du destin. Il tombe bien, il l'aide à passer un mauvais cap, un tournant vertigineux de sa vie, qui peut la faire sombrer dans l'abîme. C'est fou ce qu'elle a vécu en peu de temps !

Malgré la chaleur matinale, elle frissonne de peur. Des larmes roulent sur son visage, qu'elle ne prend même pas la peine d'essuyer. Il ne faut pas que Peter devine son drame, elle tient à ce qu'il emporte d'elle un merveilleux souvenir, même si elle ne doit plus jamais le revoir. Elle ne veut pas savoir s'il est amoureux, fiancé, elle sait seulement qu'il n'est pas marié, c'est l'essentiel. Elle se sent bien avec lui, ces moments de bonheur, ce sera toujours ça de gagné, il faut qu'elle retrouve des forces, pour affronter ses problèmes. Après s'être prélassée dans un bon bain parfumé, elle descend en peignoir de bain à la cuisine. Yvette lui a préparé son plateau, sans oublier la rose fraîchement cueillie qui perle encore de rosée... En apercevant Nina, elle s'exclame :

« Bonjour ! Ma poupée ! Pourquoi tu ne m'as pas appelée ? Je voulais t'apporter ton plateau au lit.

– Quand même ! Je peux me préparer mon petit déjeuner toute seule.

– Pas question ! Assieds-toi, reste tranquille, je vais te servir, ce n'est pas souvent que je peux profiter de toi. Quand tu es là, j'ai envie de te gâter, la maison est tellement vide sans toi ! Cette nuit, j'ai eu peur que tu aies froid, alors, comme lorsque tu étais petite, je suis venue te border, tu dormais comme un ange, je suis restée un long moment à te regarder dormir, tu ressemblais à une princesse des *Mille et Une Nuits*. Papinou et moi, on est fiers de toi, tu sais, on a de la chance de t'avoir. J'espère que tu trouveras un Prince Charmant qui te rendra heureuse comme tu le mérites. »

Puis elle ajoute, coquine :

« Il est bien Peter, qu'est-ce que tu en penses ? »

Nina a la gorge nouée, les yeux légèrement humides.

« Manny, ne fantasme pas, tu lis trop de romans, ce garçon n'est pas de notre milieu, il est beaucoup mieux que moi.

– Mais dis, tu es très belle et intelligente, toi !

– Les Américaines aussi ! Et puis je ne suis quand même pas une star, tu me vois trop avec les yeux de ton amour.

– N'empêche que les garçons d'ici, ils sont comme des fadas après toi. Et puis ça s'est déjà vu, des princes qui épousent des bergères », dit-elle, péremptoire.

Nina souffre le martyre. Il est, pour elle, des mots qui sont des coups de poignard. Heureusement, Yvette change de sujet :

« C'est pas aujourd'hui que tu dois emmener Peter à la ferme ?

– Oui.

– Quelle drôle d'idée !

– Peut-être, mais je suis sûre qu'il va aimer, cela va l'amuser de voir ce spectacle, ça va le changer de sa vie à Dallas. »

Yvette ne comprend pas toujours les réactions de Nina. Cela l'inquiète. Elle a beau savoir que sa petite est parfaitement équilibrée, elle craint toujours les mauvaises fréquentations, les influences néfastes. Et il lui semble que Nina est un peu tourmentée ces temps-ci. Elle a remarqué certaines lueurs de tristesse dans son regard, un entrain un peu forcé. Se laisserait-elle gagner par le mal de vivre de la jeunesse actuelle ? Elle le sait, les jeunes aujourd'hui se cherchent, sont mal dans leur peau, ils se posent trop de questions au lieu d'agir, ils subissent la vie au lieu de la vivre, se plaignent qu'elle est dure, ont peur de l'avenir, ils ont déjà les soucis des vieux !

Ça la désole d'en voir tant qui, au lieu de lutter, de se battre, ont recours à l'alcool, aux drogues, pour oublier un chagrin, une déception. De son temps, et c'était la guerre, les jeunes n'avaient ni le temps ni les moyens de pleurer sur leur nombril, il fallait lutter, survivre, ils appréciaient la moindre chose, le plus petit plaisir. Ils vivaient pleinement, malgré l'odeur de la mort et du danger. Autour d'eux, c'était marche ou crève. Aujourd'hui, malgré les facilités qui leur sont offertes, ils sont malheureux car ils n'ont pas eu à lutter. Leurs parents, qui ont souffert, eux, les ont protégés, leur ont tout donné, ou presque, sur un plateau d'argent. Leur carapace est trop fragile pour supporter les intempéries de cette vie. Certes, il ne faut pas généraliser, mais quand même ! Pourquoi tous ces jeunes souffrent-ils du mal de vivre ? Yvette, elle, se satisfait de ce qu'elle a : une vie simple et tranquille, entre la cuisine, les courses, la couture, un mari bougon mais affectueux. Son seul drame, c'est de n'avoir pas eu d'enfants. Heureusement, elle a Nina, qu'elle a élevée comme sa propre fille. Elle garde aussi quelques rêves enfouis et refoulés dans son cœur, comme ce garçon superbe qu'elle avait connu avant Papinou et qui est mort accidentellement, peut-être qu'avec lui son destin aurait été différent, dans une grande ville comme Paris. Elle est gourmande d'histoires d'amour, de mélos flamboyants, comme une midinette de dix-huit ans. Lorsque Nina était petite, elle lui racontait des histoires merveilleuses qui faisaient rêver la gamine. Elle lui disait qu'elle était une princesse, qu'à sa naissance les fées s'étaient penchées sur son berceau et que, plus tard, un beau Prince Charmant viendrait l'enlever avec sa Rolls pour l'emmener dans son château, etc. Nina ouvrait grand ses yeux, l'écoutait puis s'endormait en souriant, sa poupée serrée contre ses boucles blondes.

Plongée dans ses souvenirs, Yvette n'a pas vu l'heure passer, le bruit de la voiture de Peter la fait revenir sur terre :

« Nina, dépêche-toi, Peter est arrivé.

– Oui, j'arrive, je suis prête dans cinq minutes. »

Lorsque Nina descend, Peter est en train de boire le café qu'Yvette lui a préparé. Elle regarde son jean et ses baskets en hochant la tête :

« C'est parfait ainsi. Nous allons prendre la Méhari de Papinou, elle est plus adaptée à ce genre de balade. »

Il ne sait pas ce qui l'attend, pense Yvette, ironique et attendrie, en les regardant s'éloigner, j'aimerais être un oiseau pour voir la tête qu'il va faire ! Mon Dieu ! Elle est folle cette petite !

La route qu'emprunte Nina est peu fréquentée par les vacanciers. Ils traversent de ravissants villages aux places fraîches et ombragées, dont elle commente les petites histoires et les spécialités. Tout en bavardant, elle quitte la route pour prendre un chemin forestier qui monte en lacet dans la montagne. La voiture serpente entre les pins et les chênes-lièges, les bruyères, la route se rétrécit dangereusement. Nina a une si grande peur de rater un virage qu'elle ne dit plus un mot maintenant, toute à sa conduite. Elle a tendance à rouler à gauche, côté montagne, plutôt qu'à droite, côté ravin. Ce qui ne rassure pas du tout Peter. Il prie Dieu qu'une voiture ne vienne pas en sens inverse.

« Ça va, Peter ? Tu ne sembles pas très à l'aise.

– Si, si, dit-il, vert de trouille, mais je trouve que tu roules un peu trop à gauche, si une voiture arrive...

– Ah ! Tu crois ? Ne t'inquiète pas, il y a très peu de passage ici. On est bientôt arrivés. »

Ils ne tardent pas à laisser derrière eux cette dense forêt de pins, où la vue est belle, mais terriblement vertigineuse, pour se retrouver enfin, dans la châtaigneraie. Une allée, bordée de fougères sauvages, s'offre à leurs yeux, le soleil se glisse entre les feuillages. Le silence est presque pesant. On se croirait dans une cathédrale de lumière... Et, tout à coup, c'est la surprise ! Le dépaysement total, un autre monde. La ferme ! Elle est là au-dessus d'eux, suspendue à flanc de coteau, à plusieurs niveaux, comme un tableau accroché. Nina est obligée de freiner brusquement, car Frédo, le gros cochon, vient les accueillir accompagné de sa copine Marmite, la petite génisse. Ici, tous les animaux sont en liberté, cochons, chèvres, vaches, chevaux, moutons, poules, lapins, et ils portent tous des noms. Une forte odeur de bétail règne, mêlée à celle de la sarriette et de la menthe sauvage. La tête de Peter ! Il n'en croit pas ses yeux qui s'écarquillent comme des soucoupes. Il éclate de rire en voyant Nina, radieuse, caresser Frédo, le cochon tout rose, avec sa queue en tire-bouchon. Elle le flatte, lui dit qu'il est beau, le cochon grogne de plaisir. Peter sort son appareil photo et mitraille le spectacle. Pour une surprise, pense-t-il, c'est une surprise ! Puis ils montent les escaliers creusés dans la terre, retenue par des lattes de bois qui mènent au restaurant. Le patron les accueille chaleureusement, embrasse Nina et donne une poignée de main à Peter. C'est un assez bel homme, grand, aux yeux d'azur, aux cheveux noirs parsemés de quelques fils d'argent, vêtu d'une salopette bleue. Il installe le couple à la meilleure table, devant une immense baie vitrée qui donne sur une vue impressionnante, plongeant en plein massif forestier. On peut ainsi à loisir regarder les animaux de la ferme paître tranquillement, caqueter, piailler, s'ébattre dans l'herbe. Ici, pas de carte, ni de menu, mais uniquement le plat du jour. Ce sont les produits de la ferme qui sont utilisés, et les menus varient selon les saisons. On y mange de la daube de porcelet, du poulet à l'écrevisse ou du lapin sauté chasseur. Quant à la terrine maison, elle fond dans la bouche, parfumée à souhait. Même le vin est de la propriété, ainsi que le pain. Le fermier a construit lui-même sa maison avec les pierres de la colline. Ancien paysagiste, voyageur du tour du monde, il a atterri ici avec sa femme, pour réaliser un rêve sans doute longuement mûri. Il sert les clients, poussant la chansonnette, en chahutant avec les uns et les autres. Ici, tout le monde se parle sans se connaître.

« Nina, jamais je n'oublierai cet endroit. Il est fabuleux. Lorsque je vais raconter ça chez moi, à

Dallas, personne ne me croira.

– Tu sais, ici, on est sur une autre planète, on communie avec la nature, la vie simple. Certes, je n'aimerais pas y vivre, j'apprécie trop mon confort, mais y passer une journée, j'adore ! »

Le patron s'approche d'eux en fredonnant, il dépose sur leur table la terrine et le jambon cru, le chèvre chaud et la salade.

Il ressemble à un grand enfant avec sa bonne bouille. Nina admire le courage de ce couple qui a tout lâché pour venir s'installer dans ce coin perdu de montagne et y vivre avec toute cette ménagerie. Ils sont seuls, au bout du monde, loin de tout, entouré de montagnes complètement sauvages, sans âme qui vive à perte de vue. Certains clients viennent en hélicoptère, pour goûter au charme du retour aux sources, à la vie naturelle ; c'est le comble du snobisme ! Leurs parfums se mélangent aux odeurs du bétail, leurs belles chaussures griffées piétinent la bouse, et ils repartent, crottés, dans leur engin volant. Frédo et Marmite ont même reniflé des Rolls, qui, courageusement, sont montées jusqu'ici.

Le fermier s'assoit à côté de Nina.

« Alors mon bébé, tu finis pas ton lapin ? Le râble, c'est le meilleur !

– J'ai trop mangé, je n'ai plus faim. »

Celui-ci, sans l'écouter, découpe le râble, et, tout naturellement, comme on le fait avec un enfant, prend la fourchette de Nina et lui en porte les morceaux à la bouche. Ce geste émeut et surprend Peter ; il n'est ni choquant ni ridicule, mais plein d'amour. À la fin du repas, elle l'emmène visiter l'étable et les alentours. Puis ils prennent congé du fermier et de la fermière en emportant du fromage frais aux herbes, de la confiture de marrons, de la pastèque, de la sarriette et de la menthe sauvage cueillies devant la maison. Nina est ravie, ses joues sont roses de bonheur.

Ils empruntent un autre chemin pour revenir à Saint-Tropez. C'est alors qu'elle découvre un vieux puits abandonné, non loin de la route. Telle une gamine, elle stoppe la voiture, descend, Peter la suit, elle se précipite pour voir s'il y a de l'eau.

« Hou, hou, hou, fait-elle en se penchant, appuyée contre la margelle, viens voir, Peter, il y a de l'eau ! »

Elle se met à actionner la vieille pompe qui ne répond pas trop, rouillée par les années. Un vieux lavoir en grès se trouve non loin de là aussi ; Peter n'a qu'une envie, folle, c'est d'embrasser Nina ! Le petit vin rosé de la ferme, la bonne chère, la chaleur du soleil, tout cela fait bouillonner son sang, et sa libido recommence sérieusement à le travailler. Pourtant, il sait très bien qu'un geste déplacé risque de tout gâcher. Il faudrait un violent orage, pense-t-il, avec tonnerre, éclairs, cette maison abandonnée serait idéale pour la circonstance. Il se met à fantasmer. Le corps de Nina le rend fou, même sa voix est sensuelle, ses lèvres sont gourmandes, il a envie de les mordiller ; ses seins en liberté pointent d'une façon arrogante à travers le tissu léger de son corsage ; c'est une séductrice, une provocatrice sous son air de sainte-nitouche, pense-t-il en essayant de se calmer. Maintenant, la voilà, la tête penchée dans le puits, en train de regarder le fond, les fesses en l'air, sous sa robe légère. Peter ne tient plus, il s'approche et se colle à elle. Nina sursaute, se redresse d'un bond, elle a senti tout contre elle le désir de son compagnon.

« Qu'est-ce qu'il te prend Peter ?

– Mais rien, je voulais moi aussi regarder le fond du puits. »

Le retour vers Saint-Tropez est plus silencieux. Peter reste avec ses fantasmes, se traite de tous les noms ; pas d'orage pour aujourd'hui ! Sans le vouloir, il a parlé tout haut.

« Comment ? dit Nina, pourquoi parles-tu d'orage ?

– J'ai parlé d'orage ? Oh oui, je voulais dire qu'on a eu de la chance, il a fait un temps merveilleux, alors qu'ils avaient annoncé de l'orage.

– Moi, j'aime le tonnerre, les éclairs, la pluie qui fouette les vitres, mais seulement quand je suis à l'intérieur, bien au chaud dans mon lit, ou devant un feu de cheminée. Ça, j'aime, mais, dans cette forêt, j'aurais une grande peur.

– On trouverait un abri, cette maison abandonnée, par exemple. »

Cette fois-ci, c'est Nina qui se met à rêver. Son rêve rejoint celui de Peter, un orage, la course dans la forêt, la maison abandonnée, Peter allume un feu de cheminée, sa robe est trempée, il la déshabille lentement, tout en la réchauffant de baisers brûlants ; ses caresses la rendent folle de désir et puis, et puis...

Vlan ! Nina a raté le virage et se retrouve, grâce à Dieu, sur un terre-plein. Plus de peur que de mal !

Elle reprend ses esprits, toute honteuse, comme si Peter pouvait deviner ses pensées. S'il savait ! Ce petit con, pense-t-elle, voilà dans l'état où il me met. Lorsqu'elle arrive chez elle, Yvette l'accueille avec un sourire ironique.

« Alors ma poupée, comment s'est passée cette journée ?

– Merveilleuse, mais je suis exténuée. Tous ces virages qui n'en finissent pas me donnent le vertige. La voiture fait un bruit infernal pour monter les côtes, ça me cassait les oreilles. Et regarde ma robe dans l'état où elle est, jaune de poussière. Tout de même, ils devraient arranger un peu cette route pour qu'elle devienne plus accessible.

– Quelle a été la réaction de Peter ?

– Il a été plutôt surpris.

– Il y a de quoi. Tu ne trouves pas ? »

Nina éclate de rire. Puis elle annonce qu'elle se passera de dîner. Elle a trop mangé ce midi. Elle va monter dans sa chambre, pour une soirée télé-dodo bien tranquille.

Après avoir pris un bain en écoutant sa musique préférée du moment, elle s'allonge sur son lit et s'endort. La sonnerie du téléphone la tire de son sommeil. C'est Peter qui l'invite à dîner aux *Muscardins,* il insiste si gentiment qu'elle ne peut refuser. Sa fatigue est telle qu'elle s'était endormie enveloppée dans son peignoir de bain. Elle a dormi ainsi une bonne heure. Pour se réveiller, elle se rince longuement le visage à l'eau froide. Allons, Nina, un peu de courage, il faut que tu te fasses belle pour lui faire honneur !

Lorsqu'ils arrivent au restaurant, Hélène, la maîtresse des lieux, s'approche d'eux avec un grand sourire :

« Je vous ai réservé la petite table ronde face à la mer. J'espère que vous serez bien », dit-elle d'un air malicieux en regardant Nina qu'elle connaît depuis toujours.

La vue est magnifique, l'endroit luxueux, le service impeccable ; Peter propose à Nina un repas léger puisqu'elle n'a pas une grande faim, enfin, c'est lui qui appelle cela léger : salade de poissons comme entrée, langouste grillée, et le fameux soufflé au Grand Marnier, qu'il faut commander d'avance, dont Nina raffole, arrosé d'un champagne millésimé ! La délicatesse de ce garçon la touche, il a des gestes, des attentions rares pour son jeune âge. J'ai de la chance, pense-t-elle, les yeux brillants. Sa fatigue s'est envolée, et le champagne lui donne de l'éclat. Il y a des instants de bonheur volés que l'on doit savourer en remerciant la providence.

« C'est fou comme je suis bien avec toi, Nina, j'ai l'impression de te connaître depuis toujours. Peut-être existais-tu déjà dans mes rêves », dit-il en prenant un ton moqueur pour cacher son émotion.

Nina sourit, mais ne répond pas. Après le champagne, s'il rajoute les violons, elle va avoir du mal à ne pas succomber. En sortant du restaurant, ils flânent un peu sur le port, la nuit est douce, étoilée, à cette heure-ci il y a un peu moins de monde pour contempler les yachts alignés les uns à côté des autres. On entend les badauds s'extasier en chuchotant :

« Oh ! tu as vu ce bateau, quelle beauté ! Combien crois-tu qu'il doit coûter ? Et celui-là ! Et l'autre... »

Soudain, un clochard surgit, bouteille de vin, vide, à la main, il se met à hurler devant un trois-mâts :

« Pauvre con ! Pauvre con ! Qu'est-ce que tu as dû galérer pour t'offrir ce jouet ! Qu'est-ce que tu as dû en baver pour en arriver là ! Je suis sûr que t'as le crâne déplumé et ta jeunesse perdue depuis longtemps. »

Un homme d'une soixantaine d'années, le cheveu rare, bedonnant, sort de la foule et s'adresse gravement au clochard :

« Tu as raison mon vieux, c'est exactement ça ! »

Il sort de sa poche un billet de cinq cents francs.

« Tiens, va t'éclater, tu es peut-être ivre mais parfaitement lucide ! »

Le clochard prend le billet et, bêtement, le tend vers la lumière pour vérifier son authenticité. Ahuri, il reste un bon moment figé, pensif puis, honteux, s'éloigne, tête baissée, les yeux humides, en murmurant on ne sait quoi...

Ce spectacle un peu gênant laisse pensifs nos deux tourtereaux lorsqu'un homme les interpelle :

« Peter ! »

Peter sursaute et reconnaît John, un ami de la famille, très grand, foulard rouge autour du cou, santiags très pointues, il ne lui manque plus que les éperons et le chapeau de cow-boy ; le type du beau Texan pense Nina.

« John ! Quelle surprise ! Que faites-vous ici ?

– Je me suis acheté un nouveau bateau, je m'amuse à voguer en Méditerranée.

– Je vous présente Nina.

– Très heureux, mais venez donc prendre un verre à bord. C'est ma dernière soirée à Saint-Tropez, nous levons l'ancre demain matin pour la Sardaigne. Mais nous revenons pour la Nioulargue. » Peter interroge Nina du regard, celle-ci approuve d'un battement de paupières.

Tout étincelle sur ce trois-mâts de quarante mètres : le pont de teck vernis, les hublots, les boiseries, les cuivres, les chromes dorés, jusqu'au moindre rivet. Pas un atome de poussière, il semble sortir d'une boîte. Nina ne peut s'empêcher de caresser le grand mât. La force, la puissance émanent de lui. Il se dresse, invincible, vers les étoiles qui se mirent sur le vernis du pont. Le Texan a remarqué les yeux éblouis de cette jolie fille. Galamment, il lui demande si elle désire visiter l'intérieur du navire. Un peu trop galamment d'ailleurs, au gré de Peter, dont le visage se rembrunit. Tous trois descendent donc l'escalier de bois luisant. Ils débouchent dans une immense salle à manger. Nina ouvre des yeux comme des soucoupes : mobilier en bois de santal, tapis de Chine, chandeliers d'argent, tableaux de maîtres contre les boiseries – elle reconnaît un Renoir, deux Manet, entre autres Ö, dans le coin salon, de confortables fauteuils club en cuir blond, un Steinway, et partout, sur les tables basses, les meubles, des bouquets somptueux. Le Texan les guide ensuite dans la coursive pour la visite des cabines. Là aussi, tout n'est que luxe, débauche d'acajou, de soie. Chacune est équipée de chaîne stéréo, télévision, magnétoscope (« Mille deux cents films sont à la disposition des invités », annonce fièrement le Texan). Curieuse, Nina pousse la porte d'une salle de bains : onyx, robinets en or, jacuzzi.

« Mais à quoi sert cet ordinateur ? demande Nina.

– Pour la douche, il règle la hauteur des jets latéraux et horizontaux, leur pression, leur direction. Le clavier est en cinq langues : anglais, arabe, japonais, allemand et français, bien sûr.

– Vous n'avez pas l'italien ? Quel dommage ! » Demande Nina, ironique.

Le Texan ne décèle même pas son intonation moqueuse. Il se lance dans des explications techniques si fastidieuses que Nina, profitant de ce que Peter se met à poser, à son tour, des questions, repasse dans la chambre. Tout ici incite à l'amour, à la volupté : la blondeur des boiseries, la douceur soyeuse du lit double, recouvert de satin ivoire qu'elle caresse de la main, la gerbe de roses posée sur la table de chevet, les toiles accrochées au mur où des jeunes gens du XVIII e se content fleurette...

La voix de Peter lui parvient, grave, sensuelle. Une sorte de douce nostalgie envahit Nina, l'envie d'un baiser, d'une étreinte où, pour une minute, un siècle, elle oublierait, elle oublierait... Elle s'imagine l'espace d'une nuit dans les bras de Peter, leurs corps bronzés glisseraient dans les draps de satin blanc dans un ballet d'ébats amoureux. Puis il lui offrirait du champagne dans une coupe de cristal pour rafraîchir ses lèvres brûlantes.

Mais les deux hommes surviennent, la tirant de ses rêveries. Peter la caresse des yeux, un léger sourire aux coins des lèvres : son trouble ne lui a pas échappé. Je sens que je ne vais pas tenir mon défi, pense-t-elle, il me plaît trop, il est tout ce que j'aime. Il a l'intelligence de ne pas me brusquer, de me faire une cour discrète, sûr de son charme. Il est décidément très fort, il connaît le vrai jeu de l'amour, il attend que je craque. Au fond, cela ne me déplaît pas, ça m'excite même. On verra bien qui se brûlera le premier !

Tous trois montent sur le pont, où une table est dressée, chargée de petits fours sur des plateaux d'argent et de boissons glacées, et, bien sûr, l'inévitable bouquet.

Un steward bronzé, guindé, le visage grave, impeccable dans son uniforme immaculé, leur sert des rafraîchissements.

Tout à coup, Nina repense à leur déjeuner à la ferme au milieu des cochons, des vaches et des poules. Quel contraste ! Elle n'a que le temps de bafouiller une vague excuse avant de filer à l'avant du voilier. Là, elle peut libérer le fou rire qui montait en elle, irrépressible. Accoudée à la rambarde, elle rit tellement qu'elle en pleure, les épaules secouées de spasmes.

Elle sent une main se poser sur son bras, c'est Peter.

« Qu'est-ce qui t'arrive ? Tu pleures ? »

Elle essuie ses joues trempées de larmes et, entre deux hoquets, lui dit :

« Oui, de rire. J'imaginais l'arche de Noé de la ferme. Ici, sur ce bateau ! »

Ils éclatent de rire comme des gosses, en regrettant que ce beau bateau lève l'ancre dans quelques heures...

Les parfums de la vie

Les jours qui suivent sont un enchantement pour Peter. Nina l'entraîne, à sa grande joie, loin des mondanités grinçantes. Il vit avec elle un retour à la nature, il ne pouvait rêver mieux, au milieu de gens simples. C'est le déjeuner chez les cousins, les dîners chez l'oncle Pierre, un homme extraordinaire, d'une rare générosité. Il entretient d'ailleurs une bonne partie de la famille. Grâce à son courage et à son génie, il est devenu un paysagiste renommé. Le vendredi, c'est table ouverte, très copieusement garnie, où plusieurs plats plus délicieux les uns que les autres se succèdent dans une chaude ambiance familiale. Auprès de sa femme, de ses enfants, des grands-parents, nièces et neveux, il se sent l'homme le plus heureux du monde car son bonheur est d'être entouré des siens. On joue de l'accordéon, il chante de vieux airs d'antan, repris en chœur par toute l'assemblée.

Elle l'emmène aussi voir Divine, qu'elle affectionne particulièrement, dont la maison donne sur la plage de la Ponche. Peter est amusé d'entendre Nina crier avec son accent parfumé de lavande :

« Divine, Divine ! »

Divine n'apparaît pas tout de suite à la fenêtre. On voit les lamelles en Nylon de son rideau tricolore ondoyer légèrement. Elle observe dans l'ombre. Selon la personne qui l'appelle, ou selon son humeur, elle décide d'apparaître ou pas... En reconnaissant Nina, elle sort sur le balcon, curieuse.

« Oh, Nina, qu'est-ce que tu fais là, à cette heure ?

– Je viens vous apporter quelque chose.

– Attends, je descends, j'étais en train de souper ! »

Il est 18 h 30, et les gens du Midi ouvrent rarement leur porte. Nina crie :

« Qu'est-ce que vous mangez de bon ?

– De la soupe au pistou, du fromage et des pêches.

– Quel appétit !

– Hé ! Faut pas que je me laisse aller. Attends une minute, je couvre mon assiette et je descends. »

Peter a l'impression de vivre une scène d'un film provençal. Divine apparaît cinq bonnes minutes après. Elle a dû se donner un petit coup de peigne au passage, coquette comme elle est. Le rouge à lèvres aussi est fraîchement appliqué. Nina lui tend une boîte de gâteaux secs.

« Ma chérie, tu es folle. Tu as dépensé une fortune. Il y a longtemps que je n'ai plus mis les pieds dans cette pâtisserie, dit-elle en voyant le nom célèbre inscrit sur la boîte. Maintenant, c'est trop cher pour moi et ma petite retraite. Pourquoi tu fais ça ?

– Parce que ça me plaît, j'en ai le droit, non ? Tenez, je vous présente Peter. »

Divine toise longuement Peter de la tête aux pieds, avec ce naturel qui n'appartient qu'à elle, et dit tout de go :

« C'est ton fiancé ?

– Non, c'est un ami.

– Dommage, il me plaît bien, c'est un beau garçon.

Viens, ma chérie, que je te fasse la bise. Pardonne-moi, je sens un peu le pistou, mais, hé, je l'adore. Je me suis fait aujourd'hui la soupe au pistou pour toute la semaine, comme ça je suis tranquille ! Dis, il y a longtemps que je ne t'ai pas vue. Où tu étais passée ? Pourquoi tu viens pas me voir plus souvent ? Je préfère tes bises aux gâteaux secs. À partir de 5 heures du soir, tu me trouves avec les copines et mes chats sur le " banc des mensonges ", là-haut entre la Citadelle et la mer ! Mais viens les mains vides sinon je me fâche.

– Pourquoi on l'appelle le " banc des mensonges " ?

– Parce que là, il paraît qu'on dit sans arrêt des mensonges sur les gens. Moi, je l'appellerais plutôt le " banc des pipelettes " ! »

Merveilleuse Divine. Elle a toujours des histoires drôles à raconter. Elle meuble par sa présence et son langage toute sa rue.

« L'hiver, ici, est très calme, un peu trop par rapport à l'été, explique Nina après avoir quitté Divine. Tous les magasins sont fermés, il n'y a qu'une boucherie et une boulangerie ouvertes. À 20 heures, les rues sont désertes, plus de restaurants ouverts, peut-être un ou deux, et encore ! Saint-Tropez hiberne. Dans un bar du coin, on joue au vitou, à la manille, la quadrette. Le soir avant 20 heures, les hommes rentrent à la maison pour souper en regardant la télé. Quand le temps le permet, ils se retrouvent sur la place des Lices pour jouer aux boules et taper dur le cochonnet. L'été, ils s'amusent comme des fous avec les *estrangers* de Paris ou d'ailleurs. Ils font semblant de perdre les premières parties, les *estrangers* sont ravis : ils viennent de piler un professionnel ! Ils se gonflent d'orgueil en les traitant intérieurement de minables. Alors les boulistes leur proposent de jouer un peu d'argent, ils acceptent, et vlan ! Ils se font plumer en beauté (on gagne sa vie comme on peut ici). On les voit alors se dégonfler comme des ballons. Ça ne les empêche pas de revenir, de recommencer, même s'ils ont compris le manège. Au contraire, ça les amuse, ils perdent de l'argent en se marrant. Au fond, ils s'y retrouvent au lieu de s'ennuyer chez eux. (Nina ajoute :) Tu te rappelles l'ancien pêcheur que je t'ai présenté, celui qui vend des herbes de Provence au marché aux poissons ?

– Oui, celui qui t'appelle sa belle daurade royale. Je n'ai pas compris pourquoi. »

Nina éclate de rire.

« Une daurade royale, c'est un poisson très fin et très coté ici. La première fois qu'il m'a appelée ainsi, j'étais plutôt vexée, mais j'ai vite compris que, dans sa bouche, c'était le plus beau des compliments. Il a toujours des histoires et des inventions insensées. L'autre matin, il m'a harponnée au passage pour me chuchoter à l'oreille :

« " Nina, fais-moi plaisir. Tout à l'heure, tu me demandes un autographe devant tout le monde.

– Un autographe ?

– Oui, hier soir, il y avait un reportage à la télé sur le village, et figure-toi qu'ils m'ont filmé. Alors, tu fais comme si tu m'avais reconnu.

– O.K., à mon retour, je joue le jeu. " »

Nina mime la scène du marché, les attitudes d'Amédée, sa surprise feinte quand elle s'approche pour lui dire tout haut :

« " Monsieur, s'il vous plaît, pouvez-vous me signer un autographe, je vous ai encore vu à la télé hier soir. Amédée, rouge de plaisir, regarde de gauche à droite les clients interloqués et s'exclame :

– C'est quoi que vous me demandez ?

– Un autographe. " »

Alors, Amédée, avec un geste théâtral, prend les badauds à témoin.

« " Té, bientôt, j'aurais même pas le temps de faire mon travail. Repassez tout à l'heure, vous voyez bien que je suis occupé ! " »

Peter éclate de rire.

« Et qu'as-tu fait ?

– Tout d'abord, je suis restée déconcertée. J'ai cru m'étouffer ! C'était son scénario, mais j'ai trouvé qu'il exagérait un peu. »

Un jour, elle l'emmène à un concours de pétanque, un concours de longue avec des prix à gagner ; elle l'a prévenu, Amédée, c'est sûr, sera le clou du spectacle. En effet, celui-ci, son éternelle casquette sur la tête pour cacher sa calvitie, grimpe sur un platane pour être aux premières loges car il est tout petit. Là, il se cale sur une branche, l'œil aux aguets. La partie débute, les champions sélectionnés se concentrent sur le bouchon, lorsque Amédée, sur son perchoir, commence son cirque en s'adressant à un grand champion, du nom d'Alphonse, qui s'apprête à pointer :

« Oh ! Alphonse, tu te rappelles quand je t'avais battu ? Celle-là, de la façon que tu t'y prends, tu vas encore la manquer, j'en suis sûr ! »

Alphonse lève la tête, aperçoit Amédée sur la branche et soupire tout haut :

« Pétard ! Il est encore là ce casse-couilles ! »

Amédée jubile sur sa branche. Il joue l'arbitre, odieux à souhait. Il choisit toujours le moment propice pour les embêter. Aujourd'hui, c'est Alphonse qui est sa tête de Turc. Lorsqu'il décide d'aller au rond pour tirer, Amédée s'écrie :

« Tire pas, c'est pas le moment. Moi, à ta place, je pointerais. En plus, ce n'est pas le jeu de tirer. Mais pointe, je te dis ! »

Alphonse commence à s'énerver, les autres aussi.

« Arrête un peu, rigolo, tu vois pas que tu nous gonfles, va pêcher ton poisson au lieu de nous emmerder !

– Si tu n'arrêtes pas, je t'envoie la boule sur la tête et je te fais dégringoler de ton arbre en quatrième vitesse. »

Amédée se calme un moment. Il est pire qu'un gosse et les autres le savent. Très vite, il remet ça en interpellant cette fois-ci quelqu'un qui vient d'arriver.

« Oh ! Toine, ça va ? Ta femme, elle est toujours à la clinique ? Aujourd'hui, tous ces joueurs, je ne sais pas ce qu'ils ont, mais je les trouve pas à la hauteur. Ils sont trop nerveux !

– Pétard ! C'est pas possible, ce mec ! Je vais monter

sur son arbre et l'étrangler !

– Allez, monte, monte un peu voir si tu es un homme. Avec ton arthrose, tu vas rester accroché à la première écorce ! »

Éclats de rire dans la foule. Amédée est un cabot qui aime se donner en spectacle, mais il n'est pas du tout méchant. C'est la raison pour laquelle ses collègues ne lui en tiennent pas trop rigueur.

Une autre fois, Peter accompagne Nina chez son coiffeur. Elle trouve ici détente et bonne humeur. En plus, elle aime s'occuper d'elle. Il n'y a rien de tel pour le moral. Ça ne change rien aux problèmes certes, mais le fait d'être bien dans sa peau est déjà une force. L'ambiance est folklorique entre les clients et les coiffeurs. Les quatre joyeux lurons qui animent ce salon ne font aucune différence entre les stars internationales, les femmes du monde, les commerçants, les pêcheurs ou les petites vendeuses du coin. Rien ne les éblouit, tout le monde est considéré et traité de la même façon, sauf lorsqu'une jolie fille pénètre dans le salon. On les voit alors frétiller comme des gardons. Quatre paires d'yeux déshabillent la Vénus avec une telle intensité qu'elle en rougit. Ils ont beaucoup de charme et savent l'exploiter, ce sont des champions de la coupe, de grands professionnels. Malgré leur talent, ils ne se prennent pas au sérieux. Tout en travaillant, ils plaisantent avec tout le monde, ça crée un climat qui ne ressemble en rien aux autres salons. À Paris ou ailleurs, les gens sont absorbés par leurs soucis, leurs problèmes, crispés, tendus, prétentieux, ils font toujours la gueule ! Ici, c'est totalement relax, très relax. Peut-être est-ce Saint-Tropez qui veut ça, ou son climat exceptionnel. Lorsque le salon est comble, Mick se déchaîne pour faire patienter les clients. Il apostrophe par exemple une cliente :

« Au lieu de rester assise à ne rien faire, faites-moi le shampooing de cette dame, ça vous occupera, et moi, ça m'avancera. »

Sa bonne humeur est si communicative que la jolie cliente distinguée et bijoutée s'exécute en souriant, malgré le regard inquiet de la victime qu'elle doit shampouiner. Au lieu de la remercier, Mick la rembarre :

« Non, mais c'est pas possible ! Regardez ce que vous faites, la mousse va lui couler dans les yeux. Ah ! la ! la ! C'est quand même pas difficile de faire un shampooing ! »

Tout le monde s'esclaffe. La cliente, pas du tout vexée, joue le jeu, elle en rajoute même.

« Est-ce bien rincé, maître ? Dois-je appliquer une crème démêlante ? »

Les scènes de ce genre sont quasi quotidiennes. Ici, existe une totale complicité entre coiffeurs et clients. Nul ne s'étonne de voir Mick planter momentanément bigoudis et teinture pour aller arroser les légumes qu'il cultive dans un bac placé sur le rebord de la fenêtre ou donner des tuyaux pour les courses. La seule fois où il a pronostiqué le tiercé dans l'ordre, il avait oublié de jouer. Il gagne très peu et perd énormément.

« C'est super, dit-il, ça m'amuse », enfin, il le

prétend !

Le vendredi, jour continu, Mick fait préparer par son père, qui est un excellent cuisinier, les farcis ou la macaronade ou la daube, ça dépend. Le déjeuner est gratuit pour tout le monde, bien sûr. La boulangère apporte le Richelieu, leur gâteau préféré, la vendeuse de la boutique d'en face offre le vin, chacun participe et c'est super-sympa, comme dirait Mick. Mais lorsque vient l'heure des pronostics des courses, bonjour les dégâts ! Ils se précipitent devant la télé, oublient les clientes, et là, ça discute dur. Heureusement que les assistantes sont là pour surveiller les teintures...

Au fil des jours, Peter découvre un art de vivre, des personnages hors du commun qui savent respirer à leur propre rythme. Comme ce patron de bar-tabac à qui il demandait un paquet de cigarettes et qui continuait à discuter comme s'il ne l'avait pas entendu. Au bout d'une minute d'attente, Peter avait réitéré sa demande un ton plus haut, ce qui lui avait valu cette vive réplique :

« Té, vous voyez pas que je cause, non ? »

Peter était sorti furieux. Pourtant, à la réflexion, il s'était dit que ce bistrotier avait probablement raison.

Il pensait à son père qui travaillait comme un forçat dix-huit heures par jour, accaparé par ses affaires, sacrifiant sa vie de famille, ses amis, pour soutenir un train de vie dont il ne profitait même pas. Depuis sa petite enfance, Peter admirait son père, sa puissance de travail, son autorité. Il n'ambitionnait que de l'imiter. C'est pourquoi il avait choisi d'étudier la haute finance, afin de prendre la relève.

Aujourd'hui, il doute. Avec un brin d'amusement, il se dit que si le stakhanovisme est mort en URSS, il reste de mode en Amérique. Même les femmes commencent à s'y mettre. Il y a des exceptions toutefois, comme sa mère qui ne travaille pas, passe sa vie chez les couturiers, le coiffeur, l'esthéticienne, et se lève vers 11 heures. L'après-midi, elle va faire du shopping avec ses amies, dépensant un maximum d'argent. Le soir, quand son mari s'écroule, épuisé de soucis, elle le traite de pantouflard, lui reproche de la délaisser, de refuser de sortir en semaine pour les dîners ennuyeux qu'elle affectionne, où les soirées se terminent à l'aube. Il se souvient d'une scène violente où son père, furieux des éternels reproches de sa femme, l'a tirée à 7 heures de son lit où elle dormait profondément. Elle avait insisté pour qu'il l'emmène la veille à une soirée qui s'était terminée fort tard.

« Allez, debout ! Dorénavant tu vas te lever à la même heure que moi. On verra si, en semaine, tu voudras encore faire la fête ! Prépare-moi mon petit déjeuner, j'en ai marre d'être considéré dans cette maison comme une machine à fabriquer des billets de banque ! Ça va changer maintenant ! »

Sa femme l'avait regardé, tremblante et suffoquée. Elle n'était pas habituée à le voir dans un tel état de fureur, encore moins à entendre ses hurlements aussi matinaux. Connaissant son mari, elle savait que ce n'était pas le moment de le contrer. La leçon a été très efficace. Son père est merveilleux, généreux, mais il sait se faire respecter, même par sa femme. Il veut, quoi qu'il advienne, que sa famille soit à l'abri du besoin s'il lui arrivait quelque chose. Peut-être, lorsqu'il sera plus vieux, deviendra-t-il raisonnable et prendra-t-il le temps de vivre à son tour, à moins qu'il ne soit trop tard. La vie, c'est vrai, est un choix. Il faut savoir doser ses limites, ce n'est malheureusement pas toujours évident. Peter pense à une histoire que lui a racontée Nina.

Un riche Américain rencontre, au cours d'une promenade sur la jetée, un jeune pêcheur qui pêche tranquillement à la ligne. Son panier, non loin de lui, est rempli de très beaux poissons. Il sympathise avec le jeune homme et lui achète presque tous les jours son poisson. Un beau jour, il dit à celui-ci :

« Si vous voulez, je vous finance pour que vous achetiez votre premier bateau, après, vous en achèterez deux et puis trois et puis quatre, et vous ferez fortune.

– Et après ? répond le jeune homme.

– Après, vous vendez tout. Et vous vivrez tranquillement au soleil jusqu'à la fin de vos jours.

– Mais c'est déjà ce que je fais ! » répond le jeune pêcheur.

Le temps file à une rapidité incroyable pour Peter. Les moments passés avec Nina sont parfumés de bonheur ; il aime ses éclats de rire, sa soif de vivre, son intelligence, sa vivacité. Elle le change tellement des Américaines qu'il a connues, toujours pressées. Pressées dans l'étalage de leur ego, pressées dans leurs bavardages, pressées en amour. Tristes comme des cimetières, ne sachant pas qu'un simple sourire vaut mieux qu'un beau maquillage. Avec Nina, il découvre un autre monde, le bonheur de devancer les désirs de l'autre. Avec Nina, il boit à pleins verres les étoiles, car elle étoile toutes ses nuits...

Ils partagent la même passion pour l'art et passent une bonne partie de leur temps à visiter les ateliers d'artistes de la région, à les surprendre dans l'intimité de leur création. Les talents, les personnalités sont différents, mais ils ont tous un point commun : ils peignent avec amour, vibrent de poésie, fantasment sur leur toile en y accrochant leurs émotions, leurs rêves, leurs angoisses, leur sensibilité, leur force et trahissent bien souvent leurs états d'âme devant leur toile nue. Leurs regards brillent de mille lumières car ils vivent de leurs regards.

Depuis sa plus tendre enfance, Nina a toujours été attirée par la peinture. Elle enviait les peintres de pouvoir mettre sur leurs toiles autant de rêve et de poésie, elle aurait aimé savoir fixer sur une toile un paysage paradisiaque, faire de la lumière avec des couleurs, créer la profondeur grâce à des lignes perpendiculaires, chercher le point lumineux, les dégradés, les demi-teintes, les ombres, les reflets. Dans ses rêves, elle peint des tableaux. Dans ses rêves seulement car, pour elle, être peintre, c'est, avant tout, savoir dessiner, or elle ne le sait pas, donc pas question de peindre. D'ailleurs, la peinture ne s'apprend pas, ne s'improvise pas, c'est un don, on naît peintre, on naît sculpteur, musicien ou autre chose. Pour Nina un artiste n'a ni méthode, ni règle, ni théorie. Si un tableau doit s'expliquer, ce n'est plus un tableau, ce n'est pas de l'art. L'art doit être indescriptible, inimitable, l'œuvre doit nous saisir, nous envelopper, nous emporter, nous faire frémir. C'est le moyen pour l'artiste d'exprimer sa passion, c'est le courant qui jaillit de lui, qui nous importe. Il faut, pour qu'un tableau nous fasse ainsi vibrer, qu'il soit peint sous le coup de l'émotion. Un tableau qui obéit à des théories, à des règles rigides, reste froid, sans vie. Nina s'attriste de ressentir si profondément la peinture et de ne pouvoir l'exprimer. Ne dit-on pas que l'art occupe l'âme et la ravit ?

Son rêve est de peindre par personne interposée, c'est-à-dire de découvrir de nouveaux talents, de nouveaux génies et de les lancer au firmament. C'est un rêve fou qui brûle en elle, qu'elle aimerait bien réaliser. Ouvrir un club pour artistes, une galerie, un jour, peut-être, pourquoi pas ? Elle a beaucoup d'amis peintres, sculpteurs. Elle aime ce monde merveilleux de la création. Il règne dans leurs ateliers un climat, une atmosphère qu'on ne peut décrire. Les peintures, les sculptures vivent près de l'artiste, elles sont dans leur état brut, c'est-à-dire dans la pureté, comme un enfant près de sa mère. En galeries, en expositions, elles prennent un air d'abandon, elles attendent de trouver un maître et la chaleur d'un foyer.

La crique sauvage

Il y a des matins de cristal où le soleil pénètre dans notre humeur, où le réveil bleu se fait câlin et tendre. C'est le cas de Nina aujourd'hui. Elle émerge lentement d'un beau rêve, bercée par le chant des oiseaux. Ça tombe bien, ils ont prévu, Peter et elle, de pique-niquer dans sa crique préférée, loin de la foule et des regards indiscrets.

Lorsqu'elle avait seize ans, elle y allait souvent avec ses amies. Elles s'y baignaient, écoutaient leurs cassettes favorites, déjeunaient d'un pan-bagnat, ou d'une pizza, s'échangeaient des confidences, s'amusaient comme des folles, et rentraient vers 20 heures chez elles sur leurs « chapis », heureuses, mais rouges comme des écrevisses, avec des coups de soleil à ne pouvoir dormir la nuit.

Pour accéder à la crique, ils laissent la Méhari à l'ombre d'un pin et prennent le chemin du littoral qui longe la mer et la garrigue. Nina ouvre la marche, ses hanches ondulent gracieusement sous les yeux gourmands de Peter. Elle se faufile avec une agilité féline, entre genêts et bruyères. À un moment, elle doit retirer ses ballerines pour grimper plus facilement sur les rochers car l'accès devient de plus en plus difficile. Dans un effort d'escalade, son short se tend, dévoilant la naissance de ses fesses. Plusieurs fois, Peter manque perdre l'équilibre, tant ce spectacle le trouble. Il réveille en lui des instincts presque animaux. Cette fille, il ne sait pourquoi, déclenche en lui des désirs aussi violents que contradictoires. Désir de la posséder avec ou sans son consentement, mais aussi désir de la protéger, de la respecter. Tantôt il reste en adoration devant elle, comme envoûté, tantôt il doit refréner un instinct qui le pousse à arracher sa robe, son short, à étreindre enfin ce corps si désirable. Elle l'intrigue aussi. Pourquoi ce voile de tristesse, par moments, dans son regard, ou cette ombre d'inquiétude qu'elle tente de dissimuler ? Quel danger pourrait planer sur une fille aussi heureuse de vivre, de croquer sa jeunesse à pleines dents ? Pourquoi la sent-il prête à succomber un jour, pour, le lendemain, éviter tout contact trop rapproché ? C'est peut-être ce mystère en elle qui attise son désir. Elle le change tellement de ses petites amies américaines, si superficielles, si dépourvues d'imagination, qui exigent tout mais ne savent rien donner, sinon un corps dont il se lasse vite.

Il trébuche à nouveau. Difficile d'escalader des rochers quand on a les yeux fixés ailleurs, les sens en feu et la tête pleine d'interrogations. Il va falloir qu'il se décide à passer à l'action. Assez joué au troubadour. Nina lui appartiendra, aujourd'hui ou jamais.

Elle se retourne à ce moment.

« Peter, c'est génial, il n'y a personne. J'ai emmené mon poste de radio, s'il y a du monde qui arrive, je mets France-Info à fond pour les faire fuir. C'est radical, et ça marche à tous les coups, les gens qui se promènent par ici recherchent le calme. »

Rusée avec ça ! pense Peter en s'arrêtant net. La crique s'ouvre devant eux, turquoise, dans un écrin de rochers, paysage des premiers jours du monde, quand celui-ci s'appelait encore l'Éden. Au large, quelques voiliers glissent paresseusement sur une mer d'huile. Seul le léger clapotis de l'eau sur les galets trouble le silence. Ils descendent sur l'étroite plage de sable doré qui borde la crique. Nina trouve un coin d'ombre pour y déposer le panier préparé par Yvette. Elle ouvre la glacière, découvre une bouteille de champagne.

« Elle veut nous soûler, ma parole ! Mais un verre de champagne après un bon bain, c'est une excellente idée, n'est-ce pas, Peter ? »

Lui est aux anges. Seul avec elle, entre ciel et mer, que rêver de mieux ? Il allait enfin la voir nue ou presque. Elle enlève son tee-shirt, son short et apparaît uniquement vêtue d'un slip brésilien couleur fuchsia. Elle a des seins superbes pense Peter en déboutonnant son pantalon et en la regardant se précipiter dans la mer. Et quelle chute de reins !

« Dépêche-toi, Peter, elle est divine. On se sent revivre après cette chaleur.

– Attends-moi, je préfère plonger. »

Il grimpe sur un rocher. Là, il exhibe complaisamment son corps de statue grecque, gonfle sa poitrine, fait jouer ses muscles sous l'œil ironique de Nina.

« Alors, Tarzan, tu te décides ? »

Il effectue un superbe plongeon, jaillit de l'eau à quelques brasses de Nina et s'écrie :

« Tarzan a faim, il va te dévorer.

– Rattrape-moi avant. »

Pendant une bonne demi-heure, ils s'amusent comme des gosses dans cette eau qui vous porte si bien qu'on y flotte comme un bouchon. La crique résonne de leurs rires et de leurs hurlements. Nina commence à être épuisée. Peter se laisse flotter à côté d'elle, lui passe les bras autour du cou.

« Fatiguée ? »

Le soleil qui rayonne sur la mer paillette d'or les immenses yeux turquoise de Nina. Sous la chaude lueur du regard de Peter, elle se sent s'alanguir. Elle lui demande d'une voix langoureuse :

« Peter, sais-tu ce dont j'ai envie ?

– Tout ce que tu veux ! répond-il précipitamment.

– Un verre de champagne, et toi ?

– Moi aussi », dit-il, un peu déçu, il aurait préféré qu'elle lui dise : J'ai envie que tu me fasses l'amour...

Ils sortent de l'eau et, pendant qu'elle fouille dans son couffin, il se dirige vers le panier à provisions, prend la bouteille de champagne dans la glacière et l'ouvre. Puis il se retourne et, d'un seul coup, son sang se met à bouillonner dans ses veines : elle est allongée sur son paréo, totalement abandonnée à la chaleur du soleil, mains derrière la nuque, chevelure éparse, seins arrogants, bouche humide légèrement entrouverte dans un demi-sourire. C'est presque plié en deux qu'il lui donne son verre de champagne. Il s'allonge à plat ventre à côté d'elle, pour ne pas montrer un désir trop voyant. Elle s'assoit, prend son flacon d'huile solaire, et commence à s'en enduire lascivement les bras, les épaules, les seins, le ventre. Peter se sent comme un volcan prêt à exploser.

« Veux-tu que je t'en passe sur le dos ? »

Joignant le geste à la parole, il saisit le flacon, verse de l'huile dans ses mains, entreprend de la masser doucement. Il la voit frissonner. Ses mains deviennent caresses, remontent le long de ses hanches. Sa bouche se pose sur son cou. Elle tourne alors la tête et lui offre ses lèvres. Peter la couche sur le paréo, couvre de baisers ce corps luisant, perlé d'eau. Il fait glisser le slip de Nina, quand, soudain, celle-ci le repousse brutalement en poussant un cri.

« Peter, regarde ! »

Il tourne la tête, lève les yeux : là-haut, accrochés aux rochers, tels des singes, deux voyeurs, nus, assistent au spectacle.

Furieux, Peter se précipite vers eux en les insultant. Ils déguerpissent sans demander leur reste.

Quand il revient vers Nina, celle-ci, enroulée dans son paréo, sort les sandwiches du panier ; après cet incident, elle se sent horriblement gênée, rouge de honte ; elle essaie de reprendre ses esprits.

« Je meurs de faim, pas toi ?

– Je les aurais tués ces...

– N'en parlons plus. »

C'est loupé pour aujourd'hui, pense Peter, ivre de rage.

Les frimeurs

Nina a conseillé à Peter de louer une moto, en plus de la voiture, judicieux conseil pour se faufiler à travers la foule, qui se presse sur le port, puis, au milieu des embouteillages, de Rolls, de Mercedes et de 2 CV, avant de retrouver la petite route presque déserte qui conduit chez les Roupilo. La plupart des Tropéziens de cœur se terrent dans leur maison. Ils profitent de leur jardin, de leur piscine, sortent très peu pour éviter ce monde qui les gêne. Comme il les comprend ! Il n'aime rien tant que d'aller dîner chez ses nouveaux amis. Pendant qu'Yvette s'active à la cuisine et que Papinou, discret, arrose son potager, il se détend avec Nina sur la terrasse fleurie, assis sur la balancelle, prenant l'apéritif en regardant le coucher de soleil ou en écoutant un fond de musique classique dans l'air embaumé. Ils parlent de littérature, d'art, de musique, caressent la philosophie et se retrouvent presque toujours sur la même longueur d'onde. Elle le questionne aussi sur sa vie à Dallas, évoque ses études de droit à Paris. Elle est très bavarde, ce qui amuse beaucoup Peter. Elle ne tarit pas d'éloges sur les vrais Tropéziens. Comme bon nombre d'entre eux, elle fuit les plages au mois d'août. Trop de monde ! À perte de vue, des gens s'alignent les uns contre les autres, huilés comme des sardines, se baignent dans une eau trouble et douteuse, irisée de mazout, nagent entre les hors-bords ancrés à leur bouée d'amarrage. Le comble du snobisme est de louer, pour la saison, une de ces bouées et d'y inscrire le nom du bateau, ça coûte une fortune, mais c'est super pour la frime et le standing. Personne n'a le droit de s'y amarrer pendant l'absence du locataire. Le plagiste, qui fait la navette, avec son canot, pour aller chercher les clients sur les bateaux et les conduire sur la plage, veille sérieusement car il sait qu'il sera récompensé par un pourboire royal.

Nina ne comprend pas les propriétaires de ces yachts, et de ces offshores, qui viennent sur ces plages tous les jours, au lieu d'aller se promener vers les îles. Il y a, tout près, des criques superbes, où l'eau est turquoise, transparente et si salée qu'elle vous porte sans effort. On peut aussi aller au large couper les moteurs et dériver au gré de la mer, pour découvrir des paysages somptueux. Plonger, nager, se faire dorer, nu, loin des voyeurs, avec la complicité de la mer et du ciel, rêvasser avec un verre de champagne bien glacé et, pourquoi pas ? faire l'amour, bercé par le clapotis des vagues qui viendraient jalousement cogner contre la coque du bateau. Que rêver de mieux ! Eh bien, non. Ils préfèrent prendre des bains de foule sur ces plages bondées, dans ces restaurants où il faut attendre des heures pour être servi, à côté de gens bruyants. Mais qu'importe, l'essentiel est d'être vu et de voir des personnalités, d'exhiber son nouveau bateau, pour faire pâlir d'envie les amis qui n'ont pas les mêmes moyens que soi. C'est leur manière d'exister, de frimer, peut-être est-ce aussi une façon de cacher un cœur vide et solitaire. Depuis que le monde est monde, le bonheur se partage à deux, les bandes, elles, ont un goût de solitude. Le soir, en revanche, ils se reçoivent entre eux. Il y a plusieurs clans, celui du show-business, celui des mondains, des peintres, des bourgeois, des snobs fauchés pique-assiette, des intellectuels, des écrivains, des musiciens, celui de la mafia, des campeurs... Le plus important, celui qui fait vivre royalement le village pendant la saison, c'est le club des milliardaires ! Et ils sont nombreux ! Ils ont des propriétés somptueuses, avec des piscines hollywoodiennes, et même une piste d'atterrissage pour leurs hélicoptères. Leurs yachts sont amarrés face à leurs maisons, légèrement au large ; un simple coup de téléphone au capitaine, et un marin saute sur un hors-bord, et vient les chercher sur le ponton privé. Ils ont une armée de domestiques pour satisfaire les besoins de leurs invités, et leurs fêtes sont toujours grandioses. Ils n'hésitent pas à affréter un avion privé, pour faire venir un grand chef de renommée mondiale, qui arrive avec sa troupe de cuisiniers, pâtissiers et le matériel nécessaire pour confectionner un dîner de trois cents personnes et plus. Plusieurs orchestres se succèdent au cours de la soirée, et de la nuit, il y en a pour tous les goûts : musique tzigane, brésilienne, du jazz...

Pour ces grandes fêtes, des gorilles, à l'entrée, filtrent les invités, même s'ils ont un carton d'invitation car il y a toujours des resquilleurs qui se faufilent. Il leur arrive même de demander à certaines personnes leurs pièces d'identité car, dans ce genre de soirées, nombre de personnalités importantes se côtoient. C'est pourquoi une police en civil surveille d'un œil discret tout ce joli monde ! Chaque table est dressée avec une nappe damassée, et une superbe argenterie ; pour les cleptomanes, c'est le rêve. Les buffets sont royaux, ils ne le resteront pas longtemps, en quelques minutes, tout sera liquidé ! À croire qu'ils n'ont pas mangé depuis des jours ! Même si le maître de maison a prévu large, les retardataires s'affligent devant les arêtes de ce qui a dû être de beaux poissons, quelques grains de caviar accrochés dans des grandes boîtes vides ; ils sont furieux, ils ont faim. Tous ces plats délicieux qui leur sont passés sous le nez ! Alors, ils se rattrapent sur les desserts, là au moins ils ont le choix, et ils sont les premiers car les autres sont en train de finir péniblement leurs énormes assiettes : ils ont eu les yeux plus gros que le ventre. Le champagne coule à flots, les filles sont sublimes, très dénudées, leur bronzage cuivré met leur corps en valeur, elles rayonnent, souriantes, provocantes, sûres de leur séduction. Le maître de maison les a fait cueillir, grâce à ses relations, pour qu'elles viennent embellir sa fête, et, lorsqu'elles dansent sur la piste, c'est vrai qu'elles ressemblent à des bouquets de printemps. Les jeunes sont beaux, séduisants, machos, ils cherchent désespérément, sans trop en avoir l'air, celle ou celui qui pourra, même pour un soir, étoiler leur nuit sombre.

Suit un fantastique feu d'artifice, où chacun se cherche, essaie de se trouver car c'est difficile, dans cette foule, on ne sait pas qui est avec qui ! Alors, ils quittent la fête, éblouis, mais frustrés, avec le souvenir d'un beau regard inconnu.

Mais ces fêtes somptueuses, les soirées et les dîners plus modestes cachent un véritable festival de jalousies, raconte Nina à Peter. Chacun compare maisons et trains de vie, épie les autres, critique. Souvent même, alors que la maîtresse de maison s'est donné un mal fou pour honorer ses invités, ceux-ci la dénigrent dans son dos, crachent leur venin. C'est surtout le fait des pique-assiette professionnels. Ils sont redoutables, ceux-là, avec leur langue pointue qu'ils ne cessent d'aiguiser. On les voit partout, dans toutes les soirées, les poches vides, le compte en banque en déficit, criblés de dettes, mais aussi prétentieux que venimeux. Leur plaisir, c'est de déverser des tombereaux d'ordures sur les gens. C'est leur manière à eux de défouler leur propre médiocrité. Tout le monde les craint, mais on les invite quand même, sans doute pour éviter qu'ils ne colportent ailleurs leurs ragots car les vipères font toujours des petits.

Pour les yachts, la lutte est dure, la liste d'attente très longue, afin de pouvoir parader à la place d'honneur, entre les restaurants *La Marine*, *Sénéquier* et *Le Gorille*. Si on est très, très généreux, peut-être y aura-t-il une chance...

Le système est très au point. Lorsque les gros bateaux arrivent vers 18 heures après leur sortie en mer, les deux responsables du port surveillent leurs entrées. De loin et par talkie-walkie. Tous les capitaines des bateaux demandent une place et montrent avec les doigts de leurs mains le pourboire qu'ils offrent, c'est très surprenant à voir, et, bien sûr, la place est libre au plus offrant ! Les pourboires dépassent largement le prix officiel. En fait, c'est plus une question de moyens qu'une question de chance.

C'est dans ce carré d'or que le show est le plus intense, entre le 10 juillet et le 15 août, de 11 heures à 12 h 45 environ et de 19 heures à 21 heures. Tout le monde vient pour voir et être vu. Le spectacle va commencer, et il vaut le déplacement. On se donne rendez-vous soit chez *Sénéquier,* soit au *Gorille.*

Pour les jeunes, la grande frime, c'est la Rolls des motos, la Harley Davidson. Le look pour les garçons : gilet en cuir noir, santiags, Ray-Ban et le foulard en bandeau sur le front, air dur, super-macho. Les nanas adoptent un genre garçon manqué, hyper branchées. Elles se doivent d'être disponibles à toute heure, pour les petites envies des copains. Leur show est rapide mais spectaculaire car le port est petit, cent mètres à peine, et encore ! Il ne faut donc pas qu'ils ratent leur entrée en scène. Ils arrivent en pétaradant sur leurs engins rutilants, foncent vers leur club privé qui se trouve non loin du restaurant *La Marine,* et recommencent leur frime quelques minutes après, en sens inverse, en accélérant fièrement devant *Sénéquier.* Ils ne sont pas dangereux, ils sont seulement fous de motos, de vitesse.

Lorsqu'on a la jeunesse, on ne possède pas, en général, la richesse. Alors il faut assumer, ce n'est pas évident à Saint-Tropez, l'addition est la même pour tout le monde, et elle est en général très salée. Aussi, quand ils se retrouvent sur la dernière plage à la mode, tous ces jeunes loups ne déjeunent que d'une petite salade composée et d'un café, prétextant qu'ils n'ont pas une grande faim. Ils ont dévoré, avant de venir, une baguette de pain entière, afin de calmer leur appétit. Ils veulent paraître, et doivent ramer dur, pour sauver la face, et leur frime. Car la location de la moto coûte très cher, même pour une heure ! Ah ! Ils préfèrent se priver de repas aussi, pour pouvoir aller dans ces boîtes démentielles où certains se transforment, pour un soir, en chanteurs accompagnés d'un orchestre électronique. Dans ces clubs branchés, la jeunesse dorée se mélange à tous les milieux, sur la piste de danse, ils s'éclatent de la même façon. Ils s'y défoulent de leurs passions, de leurs chagrins, de leur manque d'amour, de leurs problèmes, de l'angoisse du lendemain. Secrètement, ils rêvent de rencontrer l'âme sœur qui leur apportera le bonheur et un bel amour depuis longtemps attendu. Malheureusement, beaucoup d'entre eux se droguent ; ils ont plongé un jour pour faire comme les copains. Nombre de parents ignorent le drame qui se joue chez leurs enfants, manque de communication ! Ils sont seuls avec eux-mêmes, ne pouvant se confier à personne, sinon à d'autres paumés comme eux, qui sont, bien sûr, impuissants à les aider. Les parents dorment tranquillement chez eux, ignorant que leurs enfants se droguent : ça n'arrive qu'aux autres ! Ils devraient les regarder avec plus d'amour, s'inquiéter de leurs cernes, de leurs yeux hagards, les aider dans leur malheur, leur souffrance car ils souffrent terriblement ! Ils sont esclaves de cette drogue dont ils ne peuvent plus se passer. Ils sombrent petit à petit dans un coma illusoire où ils se sentent libérés des contraintes de la vie. Ils sont à la recherche de quelque chose qu'ils ne trouvent pas, dans cette société électronique, déshumanisée, vidée de toute poésie, d'amour vrai, hantés par le spectre du sida. Il y a de quoi devenir enragé, alors ils se cognent la tête jusqu'à se blesser contre le mur de la vie. Les adultes les méprisent, les jugent, les critiquent, au lieu de leur tendre la main.

Et puis, bien sûr, il y a les minettes qui viennent de Marseille, Toulon, Paris ou d'ailleurs, en auto-stop, en train, en car. Elles arpentent le port de long en large en regardant les bateaux, dans l'espoir qu'un des propriétaires de ces superbes yachts les remarque et leur dise :

« Coucou ! Montez donc à bord, je vous offre une croisière en hommage à votre beauté ! »

Malheureusement pour elles, c'est souvent l'équipage qui les drague et joue les propriétaires en l'absence de ceux-ci. Une fois la passade consommée, elles se retrouvent jetées sur la passerelle, en pleurs. Il s'en passe de toutes les couleurs, de toutes les horreurs, dans ce gigantesque jeu de miroirs aux alouettes.

Quant aux milliardaires, pour être tranquilles, ils se déguisent en M. Tout-le-Monde complètement décontractés. Ils se fondent dans la foule. On ne les remarque même pas, en short et tee-shirt ! Ils sont enfin heureux sans leurs cravates, ni leurs costumes. Ils circulent en petite voiture anonyme, ils n'ont pas besoin de frimer, rien à prouver : ils ont ! Et ils se reconnaissent entre eux !

Cœurs piégés

Après dîner, Nina et Peter vont souvent se promener à moto dans les environs. Ce corps à corps, les parfums de la nuit, la vitesse, tout les grise. Il aime sentir ses bras autour de sa taille, elle aime se serrer tout contre lui, appuyer sa joue contre son dos pour se protéger du vent. Son blouson de cuir noir dégage un léger parfum de miel et de tabac blond qui la trouble. Souvent, ils s'arrêtent au bord de l'eau. Comme ce soir où la lune a jeté son voile d'argent sur la mer immobile et caresse leurs rêveries de son murmure. Assis sur le sable, un doux bonheur les envahit et, lorsque Peter l'attire dans ses bras, elle se laisse aller contre lui, bercée par le bruissement des vagues. Son baiser éveille en elle une houle de plaisir. Elle sent la fièvre lui monter à la tête, mais se ressaisit très vite. Elle s'arrache doucement de ses bras et voit dans son regard briller mille désirs, les mêmes qui brûlent en elle aussi. Il embrasse divinement. Il doit être un excellent amant. Mais Nina, depuis l'épisode de la crique où elle s'est sentie profondément humiliée, s'est juré de tenir son défi. D'ailleurs ne doit-il pas retourner aux États-Unis dans deux jours ? Si elle lui cédait, elle n'aurait plus que ses yeux pour pleurer : inutile d'ajouter un nouveau problème à ceux dont elle souffre déjà. Arrivé à Dallas, il l'oubliera très vite en retrouvant ses jolies Américaines. Les doigts de Peter jouent amoureusement avec ses cheveux dorés. Leur silence en dit long. Une grande tristesse se lit dans leurs regards. Dans quarante-huit heures, ils se séparent. Chacun va reprendre sa vie à des milliers de kilomètres de distance ! Lui, au bout du monde ; elle, à Paris. À cette idée, le cœur de Nina se serre, et des larmes perlent au coin de ses yeux. Ça y est, c'est la tuile ! La voilà de nouveau amoureuse, pourtant, elle a tout fait pour ne pas s'attacher à ce garçon, mais l'amour prend un certain plaisir à jouer des tours.

« À quoi penses-tu, Nina ? dit-il en prenant son visage dans ses mains. (Son regard brillant plonge dans ses yeux comme pour descendre fouiller les recoins de son cœur.)

– Je pense que je suis trop romantique pour notre époque, et qu'un jour ça me perdra !

– Nina, je...

– Chut, lui dit-elle, en mettant son index sur ses lèvres, tais-toi, tu vas dire des bêtises et tout gâcher. Viens, rentrons. »

Le lendemain est une journée éprouvante pour Nina. Un coup de téléphone mystérieux l'a mise dans tous ses états. Yvette s'inquiète, qu'est-ce que ce coup de téléphone qui la rend si nerveuse et triste ? Peut-être est-ce le départ imminent de Peter ? Le temps est maussade, la pluie commence à tomber, le ciel devient noir, de plus en plus menaçant. Non loin de là, le tonnerre gronde déjà, des éclairs sillonnent le ciel, le vent commence à souffler, rafraîchissant tout sur son passage. Elle arrive, elle est là, la tempête !

Nina ne peut s'empêcher de penser à ces pauvres plaisanciers pris dans cette mer déchaînée. Le téléphone sonne à nouveau, c'est Peter. Il annonce à Nina que cet après-midi, il allait faire quelques achats, qu'il la rappellerait vers...

Un grand coup de tonnerre, un immense éclair, le téléphone vibre, et puis plus rien ! La ligne est coupée. Nina raccroche, elle a un pincement au cœur, elle lui en veut d'aller passer l'après-midi dans les magasins, au lieu de rester avec elle pour son dernier jour. Le nez collé à la fenêtre du salon, elle regarde la tempête se déchaîner, abattre les fleurs, secouer les arbres, s'acharner sur les massifs, les branches. Le tonnerre gronde de plus en plus fort, des éclairs furieux raient le ciel, la pluie redouble de violence. C'est au tour de la lumière de s'évanouir.

« Boudiou ! Quel temps pourri ! Ça va me bousiller tout mon potager, cette tempête ! Et maintenant l'électricité qui nous lâche. Té, Yvette, tu as des bougies en réserve ?

– Bien sûr, il y en a toute une provision à la cave. Mon Dieu ! J'y pense, tu as oublié de rentrer la voiture ! »

Papinou sort en courant avec l'imperméable sur la tête. Catastrophe, le moteur est noyé. Il rentre en jurant. Pas de téléphone, pas d'électricité, pas de voisins, pas de voiture et celle de Nina est chez le garagiste, en ville, depuis son arrivée, bonjour les dégâts ! Ce dernier coup du sort, achève Nina : elle ne pourra même pas aller voir Peter avant son départ demain matin ! Elle monte pleurer dans sa chambre.

Allongée sur son lit, elle se traite d'idiote. Pourquoi n'a-t-elle pas cédé hier soir lorsque Peter lui a demandé de venir prendre un verre à son hôtel ? Bêtement, elle avait refusé alors qu'elle en mourait d'envie. Maintenant, elle se trouve bloquée et lui va partir demain, c'est l'horreur. Et ce défi ridicule qu'elle s'est lancée ! Elle a tout gâché alors qu'elle ne désirait rien tant qu'une nuit d'amour. Les moments exceptionnels sont si rares ! Peu à peu, épuisée de chagrin, elle plonge dans un profond sommeil. Lorsqu'elle se réveille un peu plus tard, elle croit entendre la voix de Peter, elle a mal partout, elle se sent toute courbatue, où est-elle ? Mais, bien sûr, elle est chez ses grands-parents ! Mon Dieu, ce cauchemar affreux où on voulait l'étrangler, mais quelle heure est-il ? 18 heures ! J'ai dormi tout ce temps !

« Nina, Nina, dit Yvette, en frappant doucement à sa porte, réveille-toi ma poupée. Peter est là qui t'attend. L'électricité est revenue, c'était une panne de secteur. Alors tu descends ?

– Oui, oui, j'arrive. Je prends une douche pour me réveiller. Fais-le patienter. »

Nina passe un long moment dans sa salle de bains. Elle ne veut pas qu'il remarque ses yeux rougis. C'est le seul endroit qui la détend vraiment. Se masser le corps avec une crème hydratante, brosser ses cheveux, baigner ses paupières à l'eau de bleuet, se parfumer, c'est une manière de tempérer ses problèmes. Et c'est tellement agréable pour soi-même et son entourage de donner une image attirante. Dehors, plus d'éclairs, plus d'orage, la pluie a cessé de tomber, le ciel s'est débarrassé de ses gros nuages noirs, le cyprès qui se dresse devant sa fenêtre perle de mille gouttelettes, comme un habit de Noël, avec ses petites boules luisantes d'eau de pluie. Que la nature est bien faite quand même, ne peut-elle s'empêcher de penser ! Lorsqu'elle descend rejoindre Peter dans le salon, celui-ci semble pensif et triste devant sa tasse de thé. Dans la cheminée, un feu de bois crépite gaiement. À son arrivée, Peter se lève et la regarde longuement, gravement. Le cœur de Nina se met à battre, très fort. Leurs regards s'accrochent, mais pas un mot ne sort de leurs lèvres. Le temps semble suspendu. Soudain, ils se jettent dans les bras l'un de l'autre. Tous deux ont éprouvé la même panique à l'idée que cette tempête pouvait les séparer. Ils se seraient dit au revoir au téléphone, le lendemain matin, à condition que celui-ci soit réparé ! C'était trop bête, une journée de perdue. Ils oublient qu'ils sont dans le salon, ils s'embrassent passionnément. Yvette, curieuse, les épie par l'entrebâillement de la porte. Elle jubile. Un grand sourire éclaire son visage, ses yeux pétillent. Mon Dieu ! ça y est, la Sainte Vierge m'a écoutée ! Elle va annoncer la bonne nouvelle, tout de suite, à Papinou, qui bricole un fil électrique dans la cuisine.

« Mon Dieu ! Ça y est, les petits, ils s'aiment !

– Quoi ?

– Chut, ne parle pas si fort, les petits sont dans le salon, ils s'embrassent.

– Et alors ?

– Quoi ! Et alors ? C'est formidable, non ? Ils sont amoureux, peut-être qu'il va nous la demander en mariage, dit-elle tout excitée.

– Arrête tes conneries, s'il doit demander en mariage toutes les filles qu'il embrasse !

– D'abord, Nina n'est pas n'importe qui ! Et puis, j'ai demandé à la Vierge dimanche à la messe...

– Fous-lui donc la paix à la Vierge ! Tu es tout le temps en train de la harceler pour un oui ou pour un non.

– Ce n'est même pas vrai, répond-elle, vexée. Je ne lui demande que de te garder en bonne santé, parce que j'ai besoin de toi. Et qu'elle favorise le mariage entre Peter et la petite. En échange, je lui ai promis de fleurir son autel tous les dimanches, jusqu'à ma mort.

– Pétard ! C'est du chantage ! »

Nina, entrant dans la cuisine, interrompt leur conversation.

« Manny, je ne dîne pas ici ce soir.

– Ah bon ? Et moi qui t'avais préparé des farcis et une tarte au citron comme tu aimes.

– Je suis désolée, mais c'est la dernière soirée tropézienne de Peter. Il veut m'emmener dîner en ville. Est-ce que le téléphone est rétabli ?

– Oui, pourquoi ?

– Il me laisse le choix du restaurant. Je vais réserver une table à *La Romana*. »

Au moment de partir, Peter demande à ses hôtes de l'attendre quelques instants dans le salon, il a oublié quelque chose dans la voiture. Il revient les bras chargés de cadeaux. Un foulard Hermès et une montre pour Yvette qui a cassé la sienne, il y a trois jours. Une pipe en écume et un blouson de cuir noir pour Papinou. Et pour Nina, une nature morte, signée d'un peintre coté, qu'elle avait longuement admirée dans une galerie, et une serviette de plage de chez Hermès, représentant deux cygnes amoureux... Dire que je lui en ai voulu d'aller faire du shopping sans moi ! pense Nina.

« Pétard ! Ça me gêne tous ces cadeaux ! Il ne fallait pas..., dit Papinou mal à l'aise.

– Mon Dieu ! Mais elle est trop belle pour moi, cette montre. Je n'oserai jamais la porter !

– Au contraire. Ainsi, vous penserez à moi tous les jours.

– Oh ! Mais, je n'ai pas besoin de ça pour penser à vous ! Vous allez nous manquer. J'espère que vous reviendrez vite nous voir.

– Il faut que vous veniez à Dallas. Mes parents seraient ravis de vous connaître. À Noël, par exemple.

– Moi, à Dallas ! Je n'ai jamais pris l'avion de ma vie, et Papinou non plus. Le plus loin que je suis allée, c'est à Marseille. J'ai été malade pendant tout le trajet ! Je ne suis pas près de recommencer, mais pour la petite, ce n'est pas un problème, elle irait au bout du monde. »

Nina ne dit mot. Figée devant le tableau, elle se répète : « Mais il est fou, il est fou ! »

« C'est bien cette toile que tu aimais, Nina ?

– Oui ! Mais tu as fait une folie. Je suis terriblement gênée.

– Tu ne dois pas car ton plaisir, c'est mon plaisir. Et ces cadeaux ne sont rien par rapport au bonheur que j'ai eu de vous connaître. »

Yvette hoche la tête en direction de Papinou, comme pour lui dire : ça, c'est un vrai gentleman !

Peter emmène tout d'abord Nina prendre un verre au bar du *Byblos*, où, dans une ambiance musicale, feutrée, officie Aldo, le spécialiste des cocktails les plus extravagants. Il rayonne derrière son comptoir, il est capable de tenir plusieurs conversations à la fois, tout en agitant son shaker. Il trouve même le moyen, pendant son service, de jouer au backgammon avec ses clients-amis. Avec lui, impossible de rester seul où de s'ennuyer, il met les gens en contact les uns avec les autres avec l'aisance d'un *public-relations*, les pousse à sympathiser. Aldo c'est l'élégance, la classe et en même temps la chaleur, le naturel.

À *La Romana*, leur arrivée ne passe pas inaperçue. Non seulement, ils forment un très beau couple, elle en robe bustier blanche, lui en costume beige en soie sauvage, mais encore, Luciano, un des maîtres des lieux, se précipite vers Nina en s'exclamant :

« Bonsoir, ma chérie, il y a une éternité que je ne t'ai vue. Je t'ai gardé la plus belle table. Celle des amoureux », lui glisse-t-il à l'oreille en l'embrassant.

Nina rougit légèrement.

« Tiens, tu as un nouveau diamant ? »

Peter remarque alors le brillant en forme de goutte

qui étincelle au cou du bel Italien.

« Eh oui, un coup de foudre, une folie. Tu me connais. Mais tu ne me présentes pas ton ami ?

– Pour que tu lui fasses du charme ? »

Tous trois éclatent de rire.

Pendant le repas, Peter et Nina tentent de plaisanter, mais le cœur n'y est pas vraiment. Ils meublent leur tristesse.

Peter lui prend la main.

« Tu sais, le soir, lorsque je te quittais, j'appréhendais de rentrer seul dans ma chambre d'hôtel. Alors, j'allais traîner en boîte. Mais aucune musique ne pouvait me faire oublier celle de ta voix. Pourtant, il y a une chanteuse de jazz excellente dans un piano-bar, sur le port. Si le cœur t'en dit...

– Tu vas me trouver un peu démodée, mais je n'ai aucune envie de prendre un bain de foule. Je préfère rester seule avec toi, profiter de notre dernière soirée, mais si cela te fait plaisir d'y aller, je t'accompagne.

– Mon plaisir, dis-tu ? C'est celui de te regarder, d'entendre ta voix, c'est ta présence, ton parfum, ta beauté. Tu représentes tant de choses pour moi, bien que je ne sache rien de ta vie privée. Tu es toujours si mystérieuse, si secrète. Je peux te poser une question ? »

Nina pâlit. Elle saisit sa coupe de champagne, boit une gorgée pour se donner du courage et murmure :

« Sois gentil, pas de question. Tu pars demain à l'autre bout du monde, alors vivons pleinement notre soirée.

– Très bien, pardonne mon indiscrétion, je crois que je commence à être jaloux des gens qui t'entourent, des hommes qui te regardent, même du soleil qui dore ta peau. Tu me fais penser à un poème de Guillaume Apollinaire intitulé *Lorelei*. Tu connais ce poème ?

– Non...

– Lorelei était une sorcière blonde très belle, si belle que tous les hommes autour d'elle mouraient d'amour.

– Je n'ai encore fait mourir personne jusqu'à présent.

– Peut-être pas mourir, mais souffrir, sûrement ! »

Nina continue de jouer nerveusement avec sa coupe. Son regard fixe le liquide doré, des images défilent dans sa tête, ses yeux s'humidifient, baignés de mélancolie. Peter lève sa main jusqu'à ses lèvres, y dépose un baiser furtif.

« Ma chérie, tu mérites tout le bonheur du monde.

– L'avenir me prouvera si tu as raison, dit-elle en souriant tristement. Tu vas me manquer, tu sais. Pourquoi ne reviendrais-tu pas pour la fête de la Nioulargue ?

– La Nioulargue, c'est quoi ?

– Une manifestation exceptionnelle. Une régate qui réunit les plus beaux voiliers du monde. C'est un spectacle fascinant que de voir tous ces bateaux, voiles au vent, aux couleurs multicolores avec leurs équipages, en uniforme impeccable, manœuvrant avec élégance et gestes précis. On ne peut manquer d'être ébloui en les regardant glisser majestueusement sur la mer. Cette régate réunit plus de deux cents participants, et leur nombre augmente chaque année. Tes compatriotes font venir leurs bateaux par cargos jusqu'à Saint-Tropez. Il y a des trois-mâts, des goélettes, etc. C'est grandiose !

– Elle existe depuis quand, la Nioulargue ? Mon grand-père ne m'en a jamais parlé.

– Ce n'est pas étonnant, elle existe depuis 1980. C'est au cours d'un dîner au restaurant chez *Palmyre* que deux amis, un Américain et un Français, se sont lancés un défi. Le pari consistait à faire une course avec leurs voiliers en partant du port de Saint-Tropez jusqu'au rocher Nioulargue, qui se trouve au large des plages de Pampelonne. Le perdant offrait le déjeuner, à la plage du *Club 55*. Le propriétaire de cette plage célèbre dînait avec eux ce soir-là. " J'offre le déjeuner au gagnant, mais aussi au perdant ", leur a-t-il dit avec un sourire éclatant. Le pari fut tenu le lendemain. Bien entendu, ce fut le plus grand voilier qui gagna la course ! Et, depuis, chaque année, grâce à ces trois amis, tous les jours pendant une semaine, on fête la Nioulargue avec des départs séparés pour les différents types de bateaux. Tous les soirs, il y a des fêtes somptueuses de yacht en yacht, de maison en maison, de restaurant en restaurant, où se retrouvent toutes les plus grandes fortunes du monde dans une ambiance euphorique.

– Elle a lieu quand, cette Nioulargue ? demande Peter intrigué.

– Fin septembre, c'est-à-dire dans un mois.

– Quel dommage ! Malheureusement, à cette période, je dois être impérativement à Dallas, mais, l'année prochaine, je m'organiserai. »

Lorsqu'ils quittent le restaurant, ils gardent tous deux le silence. Tout en conduisant, Peter allume l'autoradio.
« Mais c'est très beau, s'exclame-t-il ! Et quelle voix !
– Tu parles, c'est Maria Callas dans " Casta Diva ". »
Nina se laisse bercer. Elle réalise que Peter se dirige vers son hôtel. Un frisson la secoue.
« Tu as froid ? dit Peter en lui passant le bras autour des épaules et en l'attirant contre lui.
– Non, c'est l'émotion. »
Ils laissent la voiture au chasseur du *Byblos*, entrent dans le hall. Pendant que Peter va prendre sa clef, Nina part en direction de l'ascenseur desservant les chambres. Il est quelque peu surpris et se mord les lèvres pour ne pas lui dire : « Tiens, tu es une habituée des lieux ? »

Aussitôt arrivés dans sa chambre, Peter commande par téléphone une bouteille de champagne. Le garçon d'étage l'apporte dans la minute qui suit. Peter boit une gorgée de sa coupe puis la tend à Nina.
« Tu connaîtras mes pensées. Et moi, je connaîtrai les tiennes en buvant dans ton verre.
– Je crois que nos pensées se rejoignent, non ? »
Peter la prend dans ses bras.
« Depuis le temps que je rêve de ce moment. »

Il fait lentement glisser la fermeture Éclair de son bustier jusqu'au creux de ses reins, tout en couvrant son cou et ses épaules de baisers. Enfin, il la couche sur le lit, parcourt ce corps divin de ses lèvres brûlantes. Nina se tend, se donne à ses caresses. Il a pour elle des gestes de sculpteur. Son parfum l'enivre, la douceur de sa peau de satin doré l'enflamme ; sous ses doigts, elle se fait liane, elle ondule, et le surprend par son aspect mi- femme enfant, mi- panthère à la fois. Tous deux, pris dans un tourbillon qu'ils ne peuvent plus contrôler, deviennent brasier. Leurs mots d'amour, leurs gémissements se mêlent. Ils finissent par s'endormir, épuisés, dans les bras l'un de l'autre. Dehors, le jour commence à se lever.

La sonnerie du téléphone résonne dans la chambre. Peter décroche le combiné.

« Allô !

– Bonjour, monsieur, dit le concierge, vous désiriez être réveillé à 8 h 30. Je vous confirme que votre hélicoptère décolle à 10 heures. Vers 9 h 30, un chauffeur de l'hôtel vous attendra dans le hall pour vous conduire à l'héliport, comme convenu.

– Merci. »

Peter a du mal à émerger. Il est aussi courbatu que s'il s'était battu. Quelle nuit folle ! Sa main tâtonne sur le lit. D'un seul coup, il se souvient, complètement réveillé. Nina n'est plus là !

Il allume la lampe de chevet, se lève d'un bond, tire les doubles rideaux. Se trouverait-elle dans la salle de bains ? Non personne ! Il a dû rêver, oui c'est cela. Ce n'était qu'un beau rêve. Mais ce seau à champagne, avec la bouteille et deux coupes vides, c'est pas un rêve, ça ! Il aperçoit alors une feuille de papier posé sur la table de chevet bien en évidence. Il la déplie :

Notre amour est impossible, je garderai de toi un souvenir inoubliable.
Nina.

Peter lit et relit plusieurs fois ces deux lignes laconiques. Qu'est-ce que cela signifie ? Il appelle la réception. Le concierge n'a pas vu passer la jeune personne. Peut-être est-elle sortie quand le gardien de nuit était en service ? Peter commande alors un café noir et un jus d'orange pressée. Il a du mal à comprendre ce qui lui arrive. Il est encore tout imprégné du parfum de Nina. Les draps froissés, les oreillers gardent encore l'empreinte de son corps. Ce corps qui ondulait de plaisir sous ses caresses jusqu'à le rendre fou. Oui, c'est dans un tourbillon de folie qu'il était pris. À ce degré-là, ça ne lui était jamais arrivé. Et elle, il l'a sentie très amoureuse. Alors, pourquoi ce départ subit, mystérieux ? Pourquoi ce billet aussi sec ?
On frappe à la porte, c'est le service du petit déjeuner.
Peter boit hâtivement son jus d'orange, son café. L'heure tourne, il a très peu de temps pour se préparer. Dès son arrivée à Dallas, il lui téléphonera à Paris. Encore heureux qu'elle lui ait laissé ses coordonnées !

Le départ

Dehors, malgré l'heure matinale, le soleil écrase le petit port, déjà bondé. À la terrasse de *Sénéquier*, Francis, le mari de Marinette, « prince consort de ce lieu », accueille ses copains et ses amis de la jet-set qui viennent prendre chez lui leur petit déjeuner tout en feuilletant un journal. Certains, qui veulent se faire remarquer, se cachent derrière d'immenses lunettes noires. Les serveuses défilent entre les tables, avec des plateaux copieusement garnis et alléchants. Odeurs de chocolat fumant, de café, de toasts grillés. Ça respire les vacances. À cette heure-ci, les touristes sont rares, le port est animé par les gens du pays et les résidents privilégiés.

Nina a récupéré sa voiture au garage. Une grosse note pour une petite panne, pense-t-elle. Son moral est à zéro. Des sueurs froides inondent son front, elle est stressée, une douleur sauvage tenaille son cœur. Ses lunettes de soleil cachent ses yeux baignés de larmes. Ça y est, c'est fini. Peter repart chez lui, à des milliers de kilomètres. Peut-être va-t-il retrouver une petite amie, c'est même fort possible. Elle chasse vite cette pensée qui la torture. Certes, elle ne regrette rien, mais, au fond d'elle-même, elle sait déjà que l'addition va être lourde ! Qu'elle va payer de ses propres larmes tous ces moments de bonheur, c'est la loi de la vie ; le bonheur se prête mais ne se donne pas. Tout sur terre nous est prêté, comme notre propre vie. On arrive nu, on repart nu ! Le bonheur éternel n'existe pas.

Elle garde encore sur sa peau le souvenir brûlant de ses baisers, de ses caresses. Lorsqu'elle revit sa nuit, elle en frissonne encore de plaisir. Très peu d'hommes, paraît-il, savent procurer des sensations inoubliables, disent ses amies. Pourtant, Peter est son troisième amant, et à chaque fois cela a été l'extase. Est-ce elle qui provoque cela, ou a-t-elle de la chance ? Elle a le sentiment que ses copines ne savent pas s'y prendre. Sous prétexte d'être branchées, elles couchent facilement et se plaignent ensuite de l'égoïsme des hommes. Si elles ne les traitaient pas en objets, peut-être seraient-elles moins insatisfaites.

Tout en se dirigeant vers l'héliport, Nina songe aux mystères de l'amour. Elle se sent d'une autre époque, pas du tout branchée. Romantique plutôt. Elle a besoin d'entendre chanter les violons dans sa tête, de rêver, de fantasmer, d'être vraiment amoureuse, de laisser le désir l'envahir peu à peu durant des jours, jusqu'à ce qu'il la réveille la nuit. L'homme qui la convoite, elle sait que lui aussi connaît la même tension, qu'il languit, qu'il en devient fou de désir. À quoi bon foncer sur un homme, le draguer sous prétexte qu'il est beau, qu'il a du charme et s'allonger sur son lit, dès le premier soir, puisque ce procédé n'apporte que désillusions, des insatisfactions, est voué automatiquement à l'échec pour ces filles trop faciles. Beaucoup de femmes veulent être l'égale d'un homme, c'est peut-être pour cela qu'il y a tant de femmes seules ; leurs fortes personnalités écrasent et font fuir les hommes, qu'elles draguent comme des mecs. Certains préfèrent encore coucher avec des mecs qu'avec des femmes-mecs ! C'est peut-être à cause d'elles qu'il y a autant d'homosexuels, pense Nina. Bien sûr, l'interdit provoque le désir, il y a des phénomènes psychiques.

« On ne guérit pas un homosexuel, on lui fait assumer son homosexualité », disait le docteur G.P., mais il ne faut pas sous-estimer le rôle de la femme « moderne » dans ce phénomène.

Nina a beaucoup d'amis homos, qu'elle affectionne, ce sont pour la plupart des êtres merveilleux, de grands seigneurs, généreux, raffinés, délicats, sensibles à la beauté, de grands tendres, qui savent toutefois mordre férocement ! Quelques-uns lui font même une cour platonique, discrète. Ils ont un côté protecteur qui la rassure, et ils sont des confidents parfaits. Nina a eu une chance inouïe de connaître G.P., ce merveilleux médecin, grand psy, ami de grands philosophes. Il était apprécié, respecté des plus grands de ce monde, comme des plus petits. Elle passait des heures à l'écouter. Elle aimait sa voix chaude et douce, la lumière de son regard, son merveilleux sourire, cette intelligence hors du commun. Il rayonnait de vie, d'amour. Il avait une aura, comme venue d'ailleurs. Une poignée de sable, il la transformait en pluie d'or ; c'était un magicien de vie. Son regard vous traversait comme un scanner. Il était à l'écoute de tous les désirs, toujours à la recherche de la vérité. Dieu est malheureusement venu le chercher, pour le mettre sans doute à sa droite, il devait en avoir besoin là-haut. C'est grâce à ce médecin, elle le comprend maintenant, que Nina a pu surmonter les épreuves que le sort lui envoyait. Comme elle aurait besoin de lui, en ce moment ! Mais il est vrai que ses paroles restent gravées dans sa mémoire, dans son cœur. Avant, elle l'écoutait, aujourd'hui, elle l'entend.

Garée non loin de l'héliport du Pilon, prise dans ses pensées, Nina n'a pas vu le temps passer. Son cœur se met à battre précipitamment lorsqu'elle aperçoit Peter qui descend de voiture, suivi du chauffeur portant ses bagages. L'hélicoptère se prépare au départ dans un bruit assourdissant. Ses pales provoquent des tourbillons de poussière. Quelques instants plus tard, il s'élève dans le ciel, telle une immense libellule.

Peter jette un dernier regard sur le petit village au goût de bonheur lorsqu'il remarque Nina qui, descendue de sa voiture, agite sa main en guise d'au revoir. Le déplacement d'air provoqué par les hélices tord sa longue chevelure blonde. Peter a un pincement au cœur en voyant la silhouette de celle qu'il aime ne devenir qu'une tache blanche puis disparaître.

Arrivée chez elle, elle monte directement dans sa chambre. Elle a pris soin de retirer ses chaussures, n'ayant aucune envie de croiser ses grands-parents. Elle s'écroule sur son lit en sanglotant. Fini le beau roman ! Elle savait dès le départ que c'était un amour impossible. Trop de choses, leur milieu, leur éducation, les séparent. Depuis l'arrivée de ce garçon, elle a occulté tout ce qui la tracasse, laissant ses soucis, ses « miasmes », à la porte, en sachant pertinemment qu'elle allait les retrouver à la sortie. C'est sa manière à elle de « recharger ses batteries », de faire le plein d'énergie, pour pouvoir, ensuite, affronter une montagne de problèmes ! Malheureusement, elle n'avait pas prévu qu'un chagrin d'amour allait encore alourdir son cœur.

Les conseils de ce merveilleux médecin, son « maître à penser bien-aimé », comme elle l'appelle secrètement, lui reviennent en mémoire : « Il faut toujours faire un état des lieux avant de se lancer tête baissée dans quoi que ce soit, ne pas fantasmer car le fantasme est pauvre, il est de l'ordre de la névrose et de la psychose, il est répétitif, jamais créatif. Tu ne dois jamais vivre de tes manques, tu dois être positive et aller toujours jusqu'au bout des choses. Vivre exige du courage et beaucoup, beaucoup de travail ! Pleurer sur soi en se regardant le nombril ne mène à rien. Il faut bouger, vibrer, lutter, avancer, les difficultés sont là et seront toujours là. La vie terrestre t'apportera toujours des ennuis, des difficultés, c'est à toi de les affronter, toute seule, comme une grande. Je ne serai pas toujours là pour te guider dans ta vie. Si tu as des problèmes, réjouis-toi, cela prouve que tu vis, il n'y a que les morts qui n'en ont pas. »

Il disait qu'il fallait être réflexif dans la vie

relationnelle, inventif, pour pouvoir, quel que soit le métier que l'on exerce, être transporté par la verticalité, par la vie spirituelle, en faisant intervenir tour à tour, ou en même temps, l'intelligence, la sensibilité, l'intuition ; qu'il fallait essayer, d'une façon constante, quoi qu'il en coûte d'efforts et d'entendements, de vivre par l'amour. Il ajoutait que tous les ennuis n'étaient pas graves, y compris les ennuis les plus horribles : la maladie et la mort. Quelle merveille d'avoir pu approcher cet être exceptionnel. Lorsque tout va mal, qu'elle sent la tristesse s'installer en elle, elle pense à lui très fort, lit ses écrits pour se donner du courage. C'est sa Bible à elle, elle a un besoin vital de s'imprégner de ses paroles. Mais une douleur insoutenable la traverse quand elle pense qu'elle ne reverra jamais ce médecin. La mort est irrémédiable ! Lui qui aimait tant la vie, lui qui n'était que vie !

Elle se lève pour se faire couler un bain, elle n'a qu'une hâte, dormir, oui, dormir pour ne plus penser. Sitôt dans son lit, après avoir débranché le téléphone, elle sombre dans le sommeil.

Ce n'est que vers 20 heures qu'elle se réveille. Tout est calme dans la maison. Elle jette un coup d'œil dans l'entrebâillement de la fenêtre. Sur la terrasse, Papinou fume tristement sa pipe, l'œil dans le vague, le verre de pastis à portée de la main, ses deux setters couchés à ses pieds. Yvette renifle dans la cuisine et essuie de temps en temps ses yeux. Elle s'est attachée, elle aussi, à Peter. Le dîner est silencieux, et, pour la première fois à table, Papinou allume la télé pour combler le silence.

Le téléphone retentit dans la salle à manger. Nina sursaute.

Yvette se lève et prend le combiné.

« Allô ! De la part de qui ? Comment ? Jean-Paul ? Ne quittez pas, je vais voir si elle est là... »

Nina blêmit, lâche son couteau, ses mains se mettent à trembler. Elle fait signe à Yvette qu'elle prend la communication.

« Allô, oui, bonsoir, Jean-Paul, dit-elle, gênée. Est-ce que je peux te rappeler, je suis à table avec mes grands-parents. Donne-moi un numéro où je peux te joindre... Oui, oui, bien sûr... C'est promis, à tout à l'heure. »

Nina retourne à table, livide. Elle a du mal à finir son repas. Elle sent sur elle les regards interrogateurs d'Yvette et de Papinou. Les ennuis ne viennent jamais seuls, pense-t-elle, inquiète. Qu'est-ce qu'il lui réserve comme surprise, celui-là ! Elle l'avait presque oublié. Dire qu'il lui en a fait voir de toutes les couleurs en profitant de sa jeunesse et de sa naïveté ! Et voilà ce soir qu'il refait surface !

Retour de vacances

Après avoir aidé à débarrasser la table, Nina s'éclipse vers sa chambre pour téléphoner à Jean-Paul lorsqu'elle entend Yvette la héler :

« Nina, j'ai oublié de te dire qu'une certaine Lotus a appelé dans l'après-midi. Sophie aussi, elle est chez sa mère. »

À ce moment, le téléphone sonne, Nina se précipite dans sa chambre en lançant :

« Ce doit être pour moi ! »

Elle décroche, essoufflée.

« Allô !...

– Bonsoir Nina, c'est Sophie.

– Oh, ma chérie, comme je suis heureuse de t'entendre, comment vas-tu ? Tu es rentrée d'Italie ?

– Oui, cet après-midi. J'ai passé un séjour merveilleux. Quels charmeurs, ces Italiens ! Je te raconterai. Et toi ? Où en es-tu ? As-tu revu Hassan ?

– Non, je n'ai plus de nouvelles, il a dû m'oublier. C'est peut-être mieux ainsi. De toute façon, il n'était pas pour moi. C'était à prévoir dès le début, à croire que l'impossible m'attire toujours. Au moins j'aurai vécu un beau rêve, et, pour une petite Tropézienne comme moi, ce n'est pas si mal.

– Tu es triste ?

– Bien sûr ! Et désorientée surtout. Il m'arrive toujours des choses invraisemblables. Ces derniers temps, j'ai connu...

– Tu as connu ?

– Un Américain. Là encore, j'ai craqué. Je te raconterai. Est-ce qu'on peut se voir demain pour déjeuner ? Car je repars à Paris dans deux jours.

– D'accord, on a tellement de choses à se raconter. Je passe te prendre vers midi, et on va à la plage ?

– Il y aura un monde fou, on va attendre des heures avant d'être servies. Si on allait plutôt pique-niquer dans notre crique habituelle ?

– Excellente idée !

– Alors à demain. Je m'occupe de tout. Viens me chercher vers 10 heures.

– Super ! J'ai hâte de te voir, Nina, tu m'as manqué, tu sais !

– Toi aussi. Je t'embrasse, à demain. »

Elle raccroche. Sophie est sa meilleure amie, sa confidente, que de souvenirs elles ont ensemble depuis l'enfance... Elles s'aiment comme deux sœurs et s'entendent à merveille. Pourtant, elles sont totalement différentes l'une de l'autre, aussi bien moralement que physiquement. Nina est pleine de vie, rieuse, Sophie est plus réservée. Grande, élancée, de longs cheveux châtains, de beaux yeux noisette, un visage de Madone. C'est une intellectuelle, elle est rêveuse, tourmentée, passant son temps à se poser des tas de questions sur elle, sur la vie. Alors que Nina, elle, vit pleinement sa jeunesse. La sonnerie du téléphone retentit à nouveau. C'est Lotus qui prend le relais. Décidément, ce soir, ils se sont tous donnés le mot.

« Lotus ! Quelle surprise ! Manny Yvette m'a dit

que tu avais appelé. Comment vas-tu ? Tes vacances ?

– Merveilleuses ! Cela fait trois jours que je suis rentrée de Bangkok, et toi, tes vacances tropéziennes ?

– Merveilleuses aussi, mieux que je ne l'espérais !

– Tant mieux car tu en avais vraiment besoin. À ce propos, il faut qu'on se voie, c'est urgent.

– Que se passe-t-il ?

– Il m'est difficile de t'en parler au téléphone. Il y a toujours des oreilles indiscrètes qui traînent. Quand rentres-tu à Paris ?

– Pourquoi ?

– Nina, je t'en prie, ne joue pas l'idiote, il est comme un fou, il te cherche partout ! Depuis mon arrivée, il me téléphone sans arrêt pour avoir de tes nouvelles et savoir où tu es !

– J'espère que tu ne lui as rien dit !

– Bien sûr que non, tu connais ma discrétion.

– Excuse-moi, j'ai plein de soucis, moi aussi, je ne sais comment je vais m'en sortir.

– Graves ?

– Assez. Et puis je n'ai pas osé dire à mes grands-parents que j'avais abandonné mes études.

– Écoute, Nina, viens vite à Paris, on va régler tout ça. Il est très amoureux de toi, il regrette son attitude, mais il a de bonnes excuses. Je t'assure, il est sincère !

– Non, c'est fini. C'est trop facile, il disparaît et revient en claquant les doigts, il me prend pour qui ? Je ne veux plus jamais le voir, il m'a fait trop de mal !

– Nina, je t'en prie, ne prends pas de décision avant d'avoir eu un entretien avec lui. Il a de gros ennuis, de très gros ennuis. Je comprends ta réaction, mais je trouve que tu exagères, tu dois avoir une explication avec lui, il est prêt à lâcher une équipe de détectives à ta recherche.

– J'arrive dans deux jours. Dis-lui que je t'ai téléphoné d'Italie, et que je t'ai prévenue de mon arrivée.

– C'est sûr, tu viens dans deux jours ?

– Bien sûr, de toute façon, je ne peux plus rester à Saint-Tropez. J'ai trop de problèmes à résoudre à Paris. Je t'appelle dès mon arrivée.

– Si tu es libre, on pourra dîner ensemble, j'ai hâte de te voir.

– Moi aussi, mais tu sais, Lotus, beaucoup de choses ont changé en moi, je t'expliquerai...

– Nina, tu m'inquiètes !

– Mon cœur traverse une violente tempête, il a même perdu son cap...

– Si un beau Prince Charmant follement amoureux venait récupérer ce cœur dans cette fâcheuse tempête, au risque de sa vie, pour le mettre à l'abri de son amour...

– Il faudrait qu'il ait de sacrées excuses !

– Message reçu. Sera transmis si permission.

– Permission accordée ! »

Elles éclatent de rire et raccrochent, complices...

Après un instant d'hésitation, Nina compose le numéro de Jean-Paul. Elle sait qu'il sera odieux et elle n'a vraiment pas besoin de cela en ce moment.

« Allô ! Jean-Paul, excuse-moi d'avoir tardé à t'appeler, mais le téléphone n'a pas arrêté de sonner.

– Je vois que tu es très demandée », dit-il d'un ton très agressif.

Ça commence bien, pense Nina.

« Comment as-tu su que j'étais à Saint-Tropez ?

– Je sais tout quand je veux. J'ai besoin de te voir, Nina, il faut qu'on s'explique.

– À quoi bon ? On s'est déjà tout dit.

– Toi, peut-être, mais pas moi ! Viens me rejoindre, je suis chez des amis à Saint-Tropez.

– Pas question ! Ni chez tes amis ni ailleurs. Je n'ai plus envie de te voir !

– Très bien, je viens te chercher chez toi.

– Tu es fou !

– Peut-être, mais tu sais que j'en suis capable.

– Jean-Paul, calme-toi, je n'ai pas envie de me disputer avec toi, c'est trop bête. Restons bons amis, une explication ne servirait à rien qu'à nous blesser mutuellement ; je préfère éviter cela.

– Toutes des garces. Avec ton air de sainte-nitouche, tu n'es qu'une garce ! Tu t'es bien foutue de moi ! »

Sa voix monte, les injures fusent. Pour employer ce langage, il n'est pas dans son état normal, il a bu, c'est sûr !

Nina, effondrée, raccroche. Il rappelle. Elle finit par débrancher la prise principale pour ne pas ennuyer ses grands-parents.

Jean-Paul, mon Dieu ! Comme il a changé ! Lui, son premier amour, son premier amant ! Les souvenirs la ramènent en arrière.

Jean-Paul

Deux ans déjà ! Pourtant, elle se souvient comme si c'était hier. D'innombrables souvenirs remontent à sa mémoire, les images défilent, se succèdent comme sur un écran. Il a été un véritable Pygmalion pour elle, grâce à lui, ses débuts dans les pièges de l'amour ont été un vrai conte de fées.

Elle avait fait sa connaissance au mois de juillet à Saint-Tropez, au cours d'un vernissage chez un peintre en vogue. Alors que tout ce beau monde superficiel, légèrement coincé, est agglutiné devant le buffet, un verre à la main, en train d'échanger des politesses, Nina s'éclipse discrètement du groupe de ses amis pour aller regarder tranquillement les toiles. Elle est en contemplation devant l'une d'elles lorsqu'il l'aborde :

« Vous aimez ? »

Elle se retourne, surprise. Et regarde ce beau jeune homme grand, brun, des yeux émeraude couleur des fonds des mers, un sourire éclatant, des épaules à la Sylvester Stallone mises en valeur par un costume blanc impeccablement coupé.

« Ça m'impressionne, dit Nina. Cette violence dans les couleurs, c'est comme un cri. »

Il se présente, la conversation s'engage, bien entendu, sur la peinture, une des passions de Nina. Le courant passe entre eux, elle le trouve intelligent, profond et plein d'humour. Il est irrésistible quand il épingle ces gens qui font des mondanités, l'haleine chargée d'ail, à cause de l'anchoïade. Il lui dit qu'il repart demain pour New York, qu'il y restera jusqu'en septembre, qu'il voyage beaucoup entre Paris, Cannes et les États-Unis. Puis il lui remet sa carte de visite. Tiens, un nom italien, pense-t-elle. En échange, elle lui donne son numéro de téléphone à Nice où elle partage un studio avec sa meilleure amie.

Un soir de septembre, alors qu'elle pensait qu'il l'avait oubliée, il lui téléphone de Miami et lui demande si elle est libre le vendredi suivant car il a une grande envie de la revoir, de dîner avec elle. Nina n'en revient pas, il l'a appelée !

Elle se précipite dans la cuisine en criant :

« Sophie, Sophie ! Ça y est, il m'a appelée de Miami ! dit-elle en tapant dans ses mains, sautillant de joie.

– Mais qui ?

– Mon bel Italien du vernissage, il vient de m'appeler de Miami, tu te rends compte ! Mon Dieu ! je n'arrive pas à le croire ! Il a dû me trouver un peu froide ; j'étais tellement étonnée que je ne savais que répondre bêtement par des oui et des non.

– Tu te rattraperas quand tu le verras, je te fais confiance. »

Dès son arrivée en France, il l'appelle pour confirmer le rendez-vous de vendredi. Il passera la prendre en bas de chez elle à 21 heures. Nina, tout excitée, commence à s'inquiéter de la tenue qu'elle doit mettre pour la circonstance. Elle en essaie quelques-unes, s'énerve car elle a pris deux kilos ces derniers temps. Elle finit par emprunter un tailleur, bon chic, bon genre, que Sophie venait de s'offrir.

Le vendredi, juste un peu avant 21 heures, Nina et Sophie, le nez collé à la fenêtre, lumières éteintes, telles deux collégiennes, attendent impatiemment l'arrivée de Jean-Paul. À 21 heures précises, une Porsche noire dernier modèle s'arrête devant l'immeuble, par le toit ouvrant de la voiture, Nina reconnaît Jean-Paul.

« C'est lui !

– Waouh ! s'écrie Sophie, suffoquée, une Porsche, mon rêve. Il n'a pas l'air mal du tout, lui aussi ! Dépêche-toi, Nina, ne le fais pas attendre.

– Si, juste cinq minutes ! Il ne faut pas que j'aie l'air de me précipiter comme une idiote. Je suis bien comme ça ? dit-elle en esquissant une légère pirouette de coquetterie.

– Tu es superbe ! Il a peut-être une belle voiture, mais c'est toi qu'on remarquera. Il aura une des plus jolies filles de Nice à son côté ce soir ! »

Nina part toute guillerette rejoindre Jean-Paul. Sophie éteint la lumière et revient à la fenêtre, intriguée. Les yeux écarquillés de curiosité, elle les regarde s'éloigner. Elle en reste toute songeuse.

Ils longent la Promenade. La soirée, douce et embaumée, scintille d'étoiles. Jean-Paul a pris soin de mettre une cassette de sérénades italiennes. Cette musique, et cette odeur de cuir, de luxe, mêlée au léger parfum de Jean-Paul, tout cela la grise. Ça la change des voitures d'occasion, rafistolées, de ses petits copains, qui, pour la séduire, font hurler leur moteur, gémir leurs pneus dans les virages, décapotent même quand le mistral souffle, accélèrent au maximum, pour frimer au son infernal du dernier tam-tam à la mode... Elle se retrouve à l'arrivée, décoiffée, les cheveux emmêlés, frissonnante, mais n'osant rien dire, de peur de gâcher le plaisir égoïste de son copain. Parfois, en sus d'un mauvais souvenir, elle en garde un vilain rhume...

Rien de tel avec Jean-Paul, l'art de séduire n'a aucun secret pour lui, les filles doivent tomber comme des mouches dans ses bras et dans son lit !

« Ce soir, je suis l'homme le plus heureux du monde, j'ai à côté de moi la fille dont tout homme rêve. Mes amis en pâliraient de jalousie si je vous les présentais. C'est pourquoi je m'en garderai bien ! »

Il accompagnait sa voix chaude et veloutée de gestes un peu emphatiques. Il doit être napolitain sur les bords, c'est sûr ! pense-t-elle, ironique. Voyant son sourire, il entame la partie la plus brûlante de sa sérénade.

« Il y a des nuits et des nuits que je rêve de vous, de votre regard, de votre sourire, vous représentez mon idéal féminin, et puis j'en ai assez de ce vouvoiement, vous permettez que je te tutoie.

– Bien sûr, c'est plus actuel. »

Brusquement, à un feu rouge, il descend de voiture, interpelle deux petits vieux qui traversaient le passage clouté :

« Oyez, braves gens, l'élue de mon cœur m'a permis de la tutoyer. Voyez comme elle est belle ! »

Les deux passants sursautent, le prenant pour un fou, mais, à la vue de Nina qui rit aux éclats, ils hochent la tête, attendris et souriants. Que c'est beau la jeunesse, pensent-ils.

Il remonte en voiture, fier de lui.

« Ça y est ! Je me sens mieux ! Il fallait que j'annonce la nouvelle. »

La soirée commence bien, pense Nina, je ne vais pas m'ennuyer avec ce phénomène. Quelle différence à côté de mes copains qui sont tristes à mourir ! Lui, au moins, a de l'imagination.

« Je vous emmène dîner dans un restaurant italien. Le propriétaire est un ami. On y mange très bien, il y a de l'ambiance et on y rencontre des gens du show-business, du théâtre, des journalistes de la télé. De plus, Rino, le patron, a un chianti délicieux, on le boit bien frappé, et là, vous entendez chanter toutes les guitares de l'amour dans votre tête. »

Ils arrivent. Effectivement, l'ambiance est très italienne. Les gens rient et parlent fort au son du *bel canto*, des plats appétissants défilent sur les tables, parfumés de sauce tomate et de basilic. Le patron n'est pas mal non plus, l'Italien type. Lorsqu'il aperçoit Jean-Paul, il s'approche de lui, les bras ouverts, lui donne l'accolade et lui dit en napolitain.

« Jean-Paul ! Comment vas-tu ? Un siècle que je ne t'ai pas vu ! (Puis il lui glisse à l'oreille :) Quelle belle fille ! Pour un quart de seconde dans ses bras, je lâche tout de suite un plat de spaghettis ! »

Jean-Paul murmure :

« Fais pas l'idiot ! C'est mon nouveau dessert ! »

Il se tourne vers sa compagne.

« Nina, je te présente Rino.

— Nina, quel joli prénom, il chante la Provence, le thym, le basilic, le...

— Arrête les mandolines, Rino, et donne-nous ta meilleure table, dit Jean-Paul en riant.

— Tout de suite, et je te fais servir l'apéritif, il est offert par la maison. Marsala al novo, ça va ? »

À table, Nina goûte cet apéritif qu'elle ne connaît pas.

« C'est délicieux. Il est drôle, ton ami, et j'aime vous entendre parler italien.

— Erreur, c'est du napolitain.

— Je l'aurais juré !

— Pourquoi ?

— Il n'y a que les Napolitains pour vous jouer aussi bien de la mandoline.

— C'est un reproche ?

— Au contraire, j'adore cela ! »

Nina commence à craquer pour Jean-Paul, sa bonne humeur est communicative. Le garçon apporte la carte.

« Nina, si tu le permets, ce soir, c'est moi qui choisis ton menu, tu me fais confiance ?

— Totalement ! »

Il choisit ses plats préférés, demande quand même l'avis de Nina puis s'adresse au garçon :

« Apportez-nous tout de suite la réserve maison.

— Le vin des guitares, remarque-t-elle, ironique.

— Tu vas voir que je ne t'ai pas menti. »

La soirée est un enchantement. Les plats sont exquis,

le vin émoustillant, et de vrais guitaristes sont même au rendez-vous. Rino vient de temps en temps bavarder avec eux. Sa faconde étourdit et amuse Nina, mais il comprend très vite que les deux jeunes gens préfèrent rester seuls.

La soirée terminée, Jean-Paul raccompagne Nina, il est correct et grand seigneur jusqu'au bout, ce qui étonne la jeune fille. Elle en est même un peu vexée.

Les jours suivants, il appelle Nina presque tous les soirs au téléphone, ce qui la perturbe. Elle n'arrive plus à étudier, ni à se concentrer sur ses cours, elle ne cesse de penser à lui, elle est tombée amoureuse, avec toute la naïveté et la fougue de ses dix-neuf printemps, il est merveilleux, tendre, attentionné, l'emmène dans les meilleurs restaurants, lui fait découvrir des endroits inattendus.

Elle se revoit encore dans cette boîte russe où ils ont dîné aux chandelles, au caviar et à la vodka ; cette ambiance slave, ces chants mélancoliques, et cette musique tzigane qui lui réchauffait le cœur et le corps. Jean-Paul distribue d'énormes pourboires aux musiciens pour qu'ils ne jouent que pour eux, de manière à faire chavirer Nina. Pantalon noir serré, chemise rouge à col Mao, larges manches de mousquetaire, l'un d'entre eux pose un verre de vodka rempli à ras bord sur son violon et le tend à Nina, l'invitant à le boire d'un seul coup en émettant un vœu, puis à jeter le verre par-dessus son épaule.

Nina, qui n'est pas habituée à boire, encore moins de la vodka, a du mal à terminer son verre, mais elle est entraînée par cette musique magique, le hop ! hop !

hop ! des tziganes et des clients un peu éméchés qui tapent dans leurs mains, ces violons qui pleurent dans sa tête. Jean-Paul qui rit, soirée inoubliable ; elle vogue sur un nuage enrobé de tulle pailleté, où l'amour et le désir lancent leurs flèches.

Lorsqu'ils sortent de la boîte russe, embués de vodka et de musique tzigane, le ciel est couvert de gros nuages noirs menaçants, quelques gouttes commencent à tomber.

Le chasseur les accompagne à la voiture avec son parapluie rouge puis s'adresse respectueusement à Nina :

« J'ai quelque chose pour vous, mademoiselle. »

Il revient, quelques secondes plus tard, les bras chargés de roses.

« De la part d'un admirateur », dit-il.

Jean-Paul aide Nina à déposer les fleurs sur la banquette arrière. Leur odeur envahit la voiture. Nina est suffoquée ! Quel culot de lui offrir cette gerbe somptueuse alors qu'elle est accompagnée ! Elle se sent gênée, elle rougit.

« Quel manque de tact ! dit-elle, je suis furieuse », ajoute-t-elle avec un brin d'hypocrisie car, au fond d'elle-même, elle est ravie et flattée.

« Et si c'était moi cet admirateur ?

– C'est toi ? Oh ! Fou que tu es, tu m'as bien eue ! Tu mérites un baiser. »

Elle frissonne tout à coup.

« Tu as froid ? Tu veux que je mette le chauffage ?

– Non, non, tout va bien, je frissonne de bonheur, je crois. »

Ils longent le bord de mer, une musique douce berce leur silence, elle lui demande d'arrêter la voiture quelques instants pour admirer tous ces bateaux endormis après leurs courses vagabondes, on les sent fatigués de plaisir par les vagues marines.

« Regarde la mer comme elle est belle et menaçante, ces éclairs qui raient le ciel, c'est beau et terrifiant à la fois », dit-elle.

Un coup de tonnerre éclate, les éclairs, de plus en plus nombreux, sillonnent le ciel, Nina se blottit dans ses bras, il l'attire contre lui, couvre son visage et son cou de baisers brûlants, elle se sent grisée, d'agréables frissons parcourent son corps. Puis, tout à coup, il met le moteur en marche en murmurant :

« Tu me rends fou, aucun homme au monde ne résisterait. »

Il prend un chemin inconnu de Nina, s'arrête devant un immeuble d'allure bourgeoise, se tourne vers elle, un peu gêné. Il hésite à parler. Voyant son embarras, Nina lui dit :

« C'est là que tu habites ?

– Non, pas du tout. »

Il se décide enfin :

« Nina, cette maison, c'est un hôtel particulier, très particulier. »

Un brin d'inquiétude passe dans le regard de Nina. Il continue :

« J'ai envie de toi, cela fait des jours et des jours que je te désire, ce soir, je craque, je n'en peux plus, j'ai envie de passer la nuit avec toi, de te garder dans mes bras, de couvrir ton corps de baisers et de caresses. »

Après un instant de silence, il reprend :

« Tu m'as confié que tu n'avais encore jamais fait l'amour. Alors, si tu veux garder ta virginité pour ton mariage, je te donne ma parole d'honneur que je te la laisserai. Je veux simplement sentir ton corps contre le mien. Cela dit, ma chérie, à dix-neuf ans, il serait temps de se laisser aller à l'amour. »

Nina est troublée par sa délicatesse, c'est un vrai gentleman. Après tout, pense-t-elle, je préfère que ce soit lui mon premier amant, il a raison, il serait temps qu'à mon âge je connaisse l'amour, d'autant plus que, moi aussi, je le désire. Cette horrible maladie du sida m'a freinée jusqu'à présent, il y a de quoi quand même. Les jeunes, paraît-il, ne se protègent pas souvent, ils pensent que cela n'arrive qu'aux autres et ils ont l'insouciance de leur âge ; coucher avec la mort, ça ne m'excite pas tellement. Jean-Paul, elle est sûre qu'il est sain et qu'il prendra des précautions, n'ont-ils pas discuté un soir de ce problème et de l'inconscience de certains ? Elle lui sourit, il comprend qu'elle accepte.

Lorsqu'ils descendent de voiture, la pluie a cessé ; ils se dirigent enlacés vers l'immeuble en question ; le cœur de Nina bat la chamade. Une dame d'un certain âge, très *british,* leur ouvre la porte après avoir regardé par un judas. Le bonsoir qu'elle lance à Jean-Paul fait comprendre à Nina que ce n'est pas la première fois qu'il vient ici. Elle appelle une soubrette :

« Donnez-leur la chambre des camélias. »

Un couple d'une quarantaine d'années descend à ce moment-là le grand escalier, l'homme, sûr de lui, sa compagne, terriblement gênée. L'hôtel est très luxueux, très feutré, la soubrette les conduit au premier étage, et c'est le choc ! La chambre est meublée avec raffinement, mais il y a des glaces partout, sur les murs et même au plafond. Jean-Paul commande du champagne à la soubrette qui revient quelques minutes après et repart discrètement après avoir reçu un bon pourboire.

Nina reste figée, comme momifiée, Jean-Paul l'attire contre lui, couvre son visage de baisers.

« Viens, amour, on va boire un verre de champagne, mais pourquoi fais-tu cette tête ? La chambre ne te plaît pas ?

– Si, mais toutes ces glaces, ces lumières. Attends, je vais créer un peu d'intimité. »

Jean-Paul, amusé, la regarde éteindre, une à une, toutes les lampes. Puis elle se dirige vers la salle de bains, pousse la porte pour ne laisser apparaître qu'un mince filet de lumière. Ils se retrouvent dans un noir presque complet, il éclate de rire, sa coupe à la main, il est plié en deux. Elle dit, sérieuse :

« C'est mieux ainsi. »

Décidément, cette gosse l'amuse, c'est un cas ! Il n'a jamais connu auparavant un phénomène pareil, elle le déroute par sa naïveté, sa fraîcheur et son charme.

« Tu exagères, on ne voit plus rien, où est le champagne ? Et ton verre ? »

Elle rit à son tour de le voir jouer à l'aveugle, bras tendus.

« Où es-tu, Nina, où es-tu, ma chérie ? »

Il se dirige vers elle et la bascule dans le lit.

Sa première nuit d'amour fut explosive, plus belle encore que dans ses rêves les plus insensés.

Lorsqu'elle rentre vers 5 heures, Sophie est inquiète, elle n'a pas fermé l'œil de la nuit, ce n'est pas dans les habitudes de Nina de rentrer à des heures si tardives. Enfin, elle entend le bruit de la clef dans la serrure. Rassurée, elle fait semblant de dormir.

Nina, chaussures à la main, avance sur la pointe des pieds, les bras chargés de roses, ses yeux, sa tête, son cœur et son corps clignotent encore de mille étoiles multicolores. Elle se dirige vers la salle de bains. Quelques minutes plus tard, Nina revient dans la chambre, tâtonne dans l'obscurité pour trouver son lit. Elle trébuche sur un fil électrique, emportant le lampadaire avec elle, Sophie allume la lumière en se frottant les yeux.

« Tu en fais un boucan !

– Excuse-moi, dit Nina en se relevant, je ne voulais pas te réveiller.

– Eh bien, c'est réussi !

– Sophie, ça y est, je suis devenue sa maîtresse, cette nuit !

– Aaaahhh !

– Oui, c'est merveilleux. Je sais maintenant ce que c'est l'amour avec un grand A ! Mon premier amant ! Il est tendre, passionné, délicat, sa peau est douce, il sent bon, et ses caresses... » Elle s'en mord la lèvre inférieure.

Sophie se redresse sur son lit, se cale sur son oreiller.

« Raconte, dit-elle tout excitée, comment ça s'est passé ? Ça t'a fait mal ? »

Nina s'assoit sur son lit.

« Un peu..., mais il a été très doux, très caressant, ses baisers me donnent la chair de poule, la tête me tourne quand je suis dans ses bras, c'est comme si j'avais de l'électricité dans tout le corps. C'est bon d'appartenir à l'homme qu'on aime, de se donner à lui, de se laisser aller à l'amour. Je n'imaginais pas que c'était aussi merveilleux. » La tête penchée en arrière, elle plane, les yeux dans son rêve.

– Qu'est-ce que tu as comme chance ! Moi, la virginité commence à me peser, mais j'ai tellement peur du sida. Et puis je n'ai pas encore rencontré, comme toi, l'homme de ma vie. J'ai l'impression que je ne le rencontrerai jamais !

– Bien sûr que si, tu le trouveras un jour, plus tôt que tu ne le penses, au moment où tu t'y attendras le moins. Jolie comme tu es », murmure Nina en s'assoupissant malgré elle sur le lit de son amie puis en sombrant dans un sommeil profond.

Sophie, presque entièrement expulsée de son lit, n'a d'autre solution que de prendre celui de Nina. Recroquevillée sur elle-même, songeuse, elle a du mal à s'endormir.

À 7 h 30, la sonnerie du réveil retentit. Nina se réveille la première. Mais que fait-elle dans le lit de Sophie ? Celle-ci dort à poings fermés dans le lit d'à côté. Nina lui lance un regard plein de tendresse puis s'étire langoureusement, se lève pour aller préparer le petit déjeuner. Elle se sent toute bizarre, une autre, heureuse et triste à la fois. Et si Jean-Paul disparaissait de sa vie maintenant qu'il a eu ce qu'il voulait ?

Elle chasse très vite cette pensée, pose le plateau du petit déjeuner sur la table de chevet, tire les rideaux. À travers les persiennes, le soleil pâle du matin vient caresser le visage de Sophie endormie.

« Bonjour, jolie fainéante, tu as vu l'heure qu'il est ? Tiens, je t'ai fait une surprise. »

Sophie ouvre difficilement les yeux, ils clignotent encore d'un profond sommeil, elle aussi s'étire et s'exclame :

« Le petit déjeuner au lit ? Mon rêve ! Avec du chocolat, des tartines grillées, de la confiture et du miel ! Et même l'orange pressée ! Quel luxe ! Mais qu'est-ce qu'il t'arrive ce matin, ce n'est pourtant pas mon anniversaire ?

– Oui, je sais, ce n'est pas dans mes habitudes, mais aujourd'hui, c'est spécial, je fête mon dépucelage. »

Sophie pouffe de rire.

« Tu vas recommencer ce soir ?

– Ce n'est pas automatique, Sophie, il faut un climat, une atmosphère. Tu veux un ou deux sucres ? »

Lorsqu'elle rentre de la fac, épuisée par une journée très pénible, où pas une seconde elle n'a réussi à se concentrer sur son travail, sa folle nuit d'amour valsant sans cesse dans sa tête ; sa concierge l'arrête au passage pour lui remettre son courrier.

« Mademoiselle Nina, vous avez reçu une gerbe de fleurs énorme, comme je n'en ai jamais vu dans ma vie ! Je l'ai fait déposer devant votre porte car dans ma loge on ne m'aurait plus vue. »

Nina la remercie et monte en toute hâte les escaliers. Quand elle arrive, essoufflée devant la porte, elle s'immobilise devant cette immense gerbe de roses pâles, de lys, d'orchidées jaillissant d'une coupe en pâte de verre. Tremblante d'émotion, elle prend la carte et lit :

Ces fleurs ne sont qu'un modeste hommage à ta beauté, et chaque pétale un « Je t'aime ».

À ce moment, Sophie arrive, les bras chargés de provisions. Elle s'arrête, surprise.

« Ouah ! Quelle merveille ! Jean-Paul ?

– Oui.

– Qu'est-ce que ça a dû lui coûter !

– Toi alors, quelle romantique, ta tête est une vraie machine à calculer.

– Non, pas du tout. Mais ça me donne à réfléchir. Jamais un homme ne m'enverra un tel bouquet !

– Pourquoi ? Tu es aussi jolie que moi et bien plus intelligente.

– Mais toi, Nina, tu as un plus ! Un je-ne-sais-quoi qui attire les hommes. Tu ne t'en rends même pas compte, tu n'en es même pas consciente, tu provoques des situations exceptionnelles, la preuve ! dit-elle en montrant le bouquet.

– Allez, ouvre-moi la porte que je puisse rentrer cette merveille au lieu de dire n'importe quoi. »

Sophie n'en continue pas moins son monologue.

« Je ne comprends pas que cela t'irrite quand on te dit la vérité ! Déjà toute petite, tu étais différente de nous, même de ta famille. Tu aimais le luxe, les belles choses. Tout le monde au village t'aimait car tu n'étais pas fière, tu avais un mot gentil pour tous. Même cette vieille enquiquineuse d'institutrice fondait devant toi, tu te souviens ?

– Mon Dieu ! Que c'est loin tout ça ! Pourquoi me le rappeler aujourd'hui ? »

La sonnerie du téléphone interrompt leur conversation, Nina se précipite.

« Allô ! Jean-Paul...

– Bonsoir, Nina, tu as reçu mes fleurs ?

– Oh, oui ! Elles sont superbes, tu as fait des folies.

– Pas du tout. Rien n'est trop beau pour toi. Je ne saurais te dire combien j'ai été heureux hier soir. J'étais au paradis. Tu m'as ensorcelé. J'ai envie de t'emmener ce week-end à Monte-Carlo, à l'*Hôtel de Paris*. Qu'en penses-tu ?

– Mais...

– Mais quoi ?

– Je n'ai rien à me mettre pour ce genre d'endroit, tu comprends ?

– J'ai pensé à tout, ne t'inquiète pas. Demain soir, à 20 heures, Mme de La Volta va venir chez toi, elle te fera essayer plusieurs robes. Je suis allé la voir cet après-midi. J'en ai choisi quelques-unes. Ce n'est pas dans ses habitudes de se déplacer, mais, pour moi, elle a accepté. C'est la femme d'un ami ! Tu fais un 38, je crois...

– Oui.

– Bon, je vais la rappeler pour confirmer le rendez-vous et ta taille. Ne t'occupe de rien, j'arrange tout. À propos, tu chausses du combien ?

– 38 aussi.

– Parfait ! Ce soir, je ne peux pas te voir. Je prends l'avion pour Paris. Juste un aller et retour pour mes affaires. Je t'appellerai, je t'embrasse, ma chérie, je vais penser à toi très fort.

– Moi aussi. »

Nina raccroche lentement, très lentement le combiné. Heureusement qu'elle est assise ! Sophie la surprend les bras ballants, la bouche ouverte.

« Hé ! Qu'est-ce qu'il t'arrive ? Tu te sens mal ? Réponds-moi, dit-elle en secouant légèrement Nina.

– Pince-moi, Sophie, dis-moi que je ne rêve pas. »

Devant l'air interrogateur de son amie, elle continue :

« Je crois rêver. Il m'emmène pour le week-end à Monte-Carlo, à l'*Hôtel de Paris*.

– Super ! Mais qu'est-ce que tu vas te mettre ? »

Nina lui raconte alors ce qui vient de lui arriver. Sophie pousse un cri d'exclamation.

« Dis-moi, Nina, pourrais-tu lui demander si, par hasard, il n'aurait pas un frère ou un cousin qui lui ressemble ? »

Le lendemain, à 20 heures, on sonne à la porte, Sophie va ouvrir. Une femme très élégante, chargée de housses en plastique, demande Nina. Sophie la prie d'entrer.

« Nina, c'est pour toi.

– Bonsoir, madame.

– Bonsoir, je suis Mme de La Volta, une amie de Jean-Paul. Je vous ai apporté quelques modèles qu'il a choisis pour vous. » Elle tire les fermetures Éclair des housses, cinq robes en jaillissent, toutes plus belles les unes que les autres, sous l'œil médusé de Sophie. Quant à Nina, son visage devient écarlate. Elle essaie les robes. Toutes lui vont à ravir. Laquelle choisir ? Voyant son hésitation, Mme de La Volta lui dit :

« Les cinq sont à vous, il n'y a pas de retouches à faire, même les chaussures vous vont à merveille. »

Comme Nina, gênée, se récrie, elle continue :

« Si, si, c'est convenu ainsi, j'ai même les sacs assortis. C'est Jean-Paul qui a tout choisi, il avait une grande peur que cela ne vous plaise pas. Avec le corps que vous avez, c'est un plaisir de vous habiller. Si toutes les clientes étaient comme vous ! Jean-Paul a très bon goût ! Il ne m'a pas menti », ajoute-t-elle.

Sophie raccompagne la jeune femme, ahurie ! Nina, elle, reste figée, stupéfaite devant ces merveilles étalées sous ses yeux, elle les caresse du regard, osant à peine y croire puis, une par une, elle met les robes devant elle, se regarde dans la glace en murmurant :

« Mais il est fou ! Complètement fou, même au cinéma je n'ai jamais vu une chose pareille. »

Sophie, adossée à la porte, se frotte le menton.

« Pour être fou, il est fou d'amour, ton Jean-Paul. Ton roman commence bien, un vrai Pygmalion. J'attends la suite avec impatience ! S'il n'a pas de frère, ni de cousin, il a peut-être un copain dans son genre. N'oublie pas, pense à moi !

– Promis, dit Nina en riant.

– Je suis sûre que tu as un truc pour les faire chavirer de cette manière, tu devrais me donner des leçons. Même les plus fauchés, tu arrives à les rendre généreux. Tu te souviens de Laurent ? Il s'arrangeait toujours pour que ce soient les copains qui paient ses verres. Mais toi, il t'emmenait dans des restaurants chics pour t'épater ; moi, jusqu'à présent, je n'ai eu que des copains qui me sortent au cinéma puis on termine à la pizzeria !

– Ma pauvre chérie, c'est toi qui choisis mal. Tout le monde sait que c'est la femme qui choisit l'homme. Si tu en prends un du même âge que toi, il n'aura jamais les moyens de t'emmener dans des endroits à la mode, sauf s'il a des parents fortunés et généreux car il y a aussi énormément de radins parmi les riches. Un homme de dix ans ton aîné, c'est l'idéal. Oh ! et puis c'est la chance aussi, c'est même le loto ! Toi, je te vois plus tard mariée avec un garçon légèrement plus âgé que toi. Il aura une bonne situation, il te donnera de beaux enfants, t'assurera une vie tranquille, heureuse, sans nuages. Quant à moi...

– Quant à toi ?

– L'avenir m'effraie, je sens que je vais vivre des choses exceptionnelles que la vie me fera payer très cher par la suite. C'est pour cette raison que je veux croquer la vie à pleines dents avant de me faire croquer par elle !

– Mais dis-moi, Nina, je ne t'ai jamais connue aussi pessimiste.

– Je ne sais pas pourquoi, tout ce qui m'arrive

aujourd'hui m'inquiète, c'est trop beau pour être vrai. Il y a tellement de jolies filles à Nice, pourquoi s'intéresse-t-il à moi ?

– *Basta* avec tes complexes ! Arrête aussi de te poser des questions, vis le moment présent. Il est gentil, généreux, il te rend heureuse pour le moment, que veux-tu de plus ?

– Tu as raison. Tiens, j'ai une idée : ce soir, je t'invite dans un restaurant italien très sympathique.

– Celui du vin des guitares ?

– Tout juste. Pourvu qu'il y ait de la place, il est déjà tard. Je vais mettre le répondeur, j'espère avoir un message de Jean-Paul à mon retour. »

Au restaurant, Nina cherche Rino du regard. Celui-ci l'aperçoit tout de suite, il paraît surpris, se dirige vers elle, l'air interrogateur puis avec son fort accent napolitain :

« Nina ! Vous ici ? Quelle surprise ! Jean-Paul n'est pas avec vous ? *Mamma Mia*, vous l'avez déjà abandonné.

– Pas tout à fait, répond-elle en souriant. Je vous présente Sophie, ma meilleure amie, nous sommes venues dîner ce soir chez vous en célibataires.

– En célibataires ? Deux belles filles comme ça, *Madre Mia* ! Venir chez moi, moi qui suis célibataire, c'est de la provocation. Vous allez me mettre la révolution dans la salle. Regardez-moi déjà les clients de cette table devant vous, ils se sont arrêtés de manger leurs spaghettis, ils ont la bouche en gondole et les yeux en soucoupe ! Vous ne vous rendez pas compte de la responsabilité que j'ai vis-à-vis de Jean-Paul, avec tous ces hommes avides de chair fraîche ! »

Tout en parlant, il les accompagne à une table.

« Tenez, installez-vous là. Vous serez bien. »

Puis, tout en lissant sa moustache, il s'adresse à Sophie :

« Vous êtes fiancée vous aussi ?

– Bien sûr, intervient Nina aussitôt.

– Dommage ! Je n'ai vraiment pas de chance. Bon, je reviens avec la carte.

– Pourquoi lui as-tu dit que j'étais fiancée ? demande Sophie.

– Pour qu'il nous foute la paix. Sinon, toute la soirée, il va te jouer de la mandoline !

– Il ressemble à cet acteur italien comique qui joue les séducteurs.

– Oui, c'est tout à fait son style. Cela dit, bien qu'il ne soit pas spécialement beau, il a du charme. Comme tous les Italiens d'ailleurs, bagou, sérénade et œil de velours.

– C'est vrai, ils ont une façon de te déshabiller du regard. Mais, dis-moi, Jean-Paul est italien, je crois ?

– Pis ! D'origine napolitaine. Et pour le charme, il s'y connaît, il m'a piégée, moralement, physiquement. Et c'est un amant de rêve.

– Comment le sais-tu, puisque c'est ton premier ?

– Si cela avait raté, je le saurais, non ? Je peux te dire que j'ai été presque au paradis, je ne regrette pas de n'être plus vierge. »

Rino, qui s'était approché de leur table, a entendu ce dernier mot. Il s'écrie :

« Il y a des vierges ici ?

– Nous parlions de signes astrologiques. Sophie est Vierge.

– Tiens, moi aussi, dit le patron, très sérieux. Et, se tournant vers Sophie : Alors vous êtes Vierge ? »

Sophie devient toute rouge. Rino se penche vers elle.

« Si vous voulez changer de signe, appelez-moi. »

Voyant que les choses prennent une tournure désagréable, Nina rétablit la situation.

« Moi, je suis Scorpion, c'est un signe très fort, je crois. Nous sommes des passionnés, excessifs, possessifs. Et nous sommes très protecteurs avec nos amis.

– Oh là, là ! Mademoiselle " scorpionne " ! Ça ne m'étonne pas, Jean-Paul est Scorpion aussi. Attention, ça va faire boum entre vous », dit-il en riant.

Il prend la commande, et Nina demande le petit vin maison :

« Le vin des guitares, murmure-t-elle à Sophie.

– Pourquoi le vin des guitares, dit Rino ?

– C'est un secret entre Jean-Paul et moi.

– Bon, je demanderai le secret à Jean-Paul, s'il est valable, je le baptiserai ainsi car le nom me plaît. »

Dans le brouhaha des conversations, les guitaristes s'en donnent à cœur joie ; des plats énormes de spaghettis, de raviolis, de cannellonis brûlants défilent devant elles, en laissant des traînées de parfums qui taquinent leurs narines. Elles en salivent d'avance, tout en grignotant des gressins.

« Hum ! Que ça sent bon tout ça ! J'ai une faim de

loup, pas toi ? »

De retour dans leur studio, Nina se précipite sur le répondeur pour entendre le message de Jean-Paul.

« Bonsoir, mon amour, il est 23 heures, où es-tu ? Tu me manques, j'ai hâte de te voir, je te rappelle demain soir à 19 h 30, sois prête pour 20 h 30. Je t'embrasse très fort. À demain. »

Nina pousse un cri de joie.

« Sophie, tu as entendu ? Je lui manque ! Il me rappelle demain ! Il faudra que je me lève tôt pour me laver les cheveux et me faire un brushing. Je vais mettre le réveil à 7 h 30. Une fois que j'en aurai fini avec ma toilette, je t'apporterai le petit déjeuner au lit avec jus d'orange et pain grillé.

– Tu fêtes quoi demain matin ?

– Mon bonheur ! Je vais dormir maintenant, demain je dois être en forme. Fais de beaux rêves.

– Moi, pour le moment, j'en suis réduite à ça.

– T'inquiète pas, ça va venir très vite pour toi aussi, ouvre les yeux.

– Hélas, je ne vois que l'herbe qui verdoie et la poudre qui poudroie ! »

Monte-Carlo

Le bruit du séchoir réveille Sophie. Elle regarde l'heure, 8 h 20, essaie de se rendormir, mais en vain, le bruit la dérange. Elle se lève et se dirige vers la salle de bains. Nina, les yeux rêveurs, termine son brushing. Elle aperçoit son amie dans la glace :
« Tu es déjà réveillée ? J'espère que ce n'est pas le bruit du séchoir ! Puis sans attendre de réponse : Va donc te recoucher, tes cours à toi sont à 10 h 30 ce matin. Il faut que tu te reposes, tu as toussé toute la nuit, tu as dû prendre froid hier soir. Je viendrai te réveiller tout à l'heure. Je dois encore préparer mes affaires. Tu peux me prêter ton vanity-case ?
– Bien sûr, prends la petite valise assortie.
– Merci, tu es un amour, heureusement que je t'ai. »
Sophie retourne dans la chambre, se glisse avec délices sous les draps. Elle est contente pour Nina. Monte-Carlo, pense-t-elle, après ce sera Venise et les gondoles. Elle s'assoupit en se berçant de rêves.
« Sophie, réveille-toi, c'est l'heure, ma poupée ! »
Elle s'étire de tout son long en bâillant, l'odeur du chocolat chaud et des tartines grillées titille agréablement ses narines.
La journée paraît longue à Nina, et les cours terriblement fastidieux, d'autant qu'ils sont consacrés à la finance internationale. Dès 18 heures, elle est de retour dans son studio. Et dès 19 heures, elle commence à trépigner devant le téléphone, qui

ne sonne que quarante-cinq minutes après. Nina prend sa voix de miel pour répondre à Jean-Paul, mais en raccrochant elle maugrée :

« Un quart d'heure de retard. Il exagère tout de même. J'espère qu'il sera là à 20 h 30 pile ! J'ai un trac fou, Sophie, comment me trouves-tu ? La robe ne me serre pas trop ?

– Calme-toi donc. Elle est parfaite, et toi aussi. On croirait une star.

– Ne te moque pas de moi, ce n'est pas le moment, je ne suis jamais allée dans des endroits aussi élégants.

– Alors, un bon conseil, décontracte-toi au maximum, n'aie pas l'air coincée. Dis-toi qu'il y a eu une première fois pour tout le monde, tu as dix-neuf ans, bientôt vingt. Ta jeunesse et ta beauté constituent le meilleur des passeports. Ce sont des atouts rares dans ces endroits, paraît-il. Les jeunes n'ont pas les moyens d'aller dépenser une fortune qu'ils n'ont pas encore gagnée.

– Merci de tes conseils, petite sœur, mais tu exagères comme d'habitude. Tu oublies que des filles beaucoup plus belles que moi pullulent dans le monde. »

20 h 30 pile, Jean-Paul, cigare aux lèvres, costume en soie sauvage bleu marine, chemise en voile blanc, cravate en camaïeu de bleu, arrête sa Porsche devant l'entrée de l'immeuble. Cette fois-ci, Nina ne le fait pas attendre. Elle descend aussitôt.

« Ciel ! s'écrie-t-il, quelle apparition ! Toutes les déesses de l'Olympe en pâlissent de jalousie. Car ce n'est ni Aphrodite, ni Héra, ni Athéna à qui Jean-Paul Pâris donne la pomme d'or, mais à toi, belle d'entre les belles. Et, ce soir, je mets Monte-Carlo à tes pieds. »

Elle lui passe câlinement ses bras autour du cou et murmure :

« Et toutes les femmes de Monte-Carlo m'envient d'être avec toi. Tu sais, mon amie Sophie te trouve très bel homme.

– Elle ne m'a jamais vu !

– Si, par la fenêtre. Et je lui ai montré la photo où nous trinquons à la soirée russe. Elle m'a même demandé si tu n'aurais pas un frère ou un cousin dans ton genre. »

Flatté, l'œil allumé, Jean-Paul bombe légèrement le torse.

« Ah bon, quel âge a-t-elle ? Est-elle aussi jolie que toi ?

– Bien sûr ! Et elle est un peu plus jeune que moi, dit-elle, pincée.

– Ah ! On peut peut-être arranger cela avec un ami à moi, quoiqu'il soit un peu trop vieux pour elle, bientôt la quarantaine. Non, ça ferait détournement de mineure, plaisante-t-il. Je lui trouverai quelqu'un de mieux. »

Enfin, Monte-Carlo. Nina, émerveillée, contemple pour la première fois la baie illuminée. Ils arrivent à l'hôtel, le chasseur en livrée leur ouvre la portière, casquette à la main, Jean-Paul fait signe à Nina de le suivre ; la voyant hésitante il comprend son embarras.

« Ne t'inquiète pas, lui dit-il discrètement, le bagagiste va venir chercher nos valises, et les déposer dans notre chambre. »

Ils pénètrent dans le grand hall. Elle a un mouvement instinctif de recul devant le luxe époustouflant de cet immense hall éclairé *a giorno* par des lustres en cristal, où des tapis somptueux recouvrent un sol en marbre beige, où, sur les murs, alternent boiseries et glaces gigantesques dans des cadres dorés. Ils se dirigent vers la réception.

« Bonsoir, madame, bonsoir, monsieur, voulez-vous inscrire vos noms sur la fiche, s'il vous plaît ? »

D'autorité, Jean-Paul inscrit : *M. et Mme Masotti*. Nina réprime sa surprise. Qu'importe, elle vogue en ce moment sur un nuage rose.

Dans l'ascenseur où un réceptionniste les a accompagnés, un groom tout de rouge vêtu les salue discrètement. Nina lui adresse un grand sourire. Il doit avoir quinze ans peut-être, une bonne bouille ; il est surpris que Nina lui sourie avec autant de gentillesse, il n'est pas habitué. « Ça change de tous ces vieux cons qui ne me regardent même pas, qui m'ignorent et me méprisent. »

Ils pénètrent dans une très belle chambre avec salon qui donne sur une immense terrasse dominant le port. Le bagagiste apporte les valises, reçoit un bon pourboire et disparaît. Nina admire la salle de bains. Tout en marbre rose, un coin coiffeuse avec le nécessaire, même un séchoir ! Dans un petit panier joliment arrangé, se trouvent shampooings, mousse pour le bain, bonnet de bain, savon parfumé, dentifrice, lime à ongles, trousse de couture... délicates attentions.

« Elle est superbe, cette chambre. Est-ce que toutes ont des salons privés ?

– Non, cette chambre-salon s'appelle une suite, ma chérie.

– Ah ? Mon Dieu ! Que c'est beau, Jean-Paul, dit-elle en se dirigeant vers la terrasse, quelle vue magnifique !

– Viens, Nina, on a tout le temps d'admirer le paysage, j'ai réservé une table au restaurant et nous sommes déjà en retard. »

Lorsqu'ils arrivent au restaurant panoramique, les jambes de Nina tremblent un peu en suivant le maître d'hôtel, elle sent des regards posés sur elle, et tout ce luxe, ce cadre féerique, et tous ces garçons, ces maîtres d'hôtel hautains et coincés la mettent mal à l'aise.

Néanmoins, le dîner commence comme dans un rêve, elle se sent belle dans la robe que lui a offerte Jean-Paul, c'est déjà un atout. Elle pense que, même si elle avait porté le tailleur de Sophie, elle aurait détonné dans cet endroit somptueux ! Elle panique intérieurement en voyant tous ces couverts de gauche à droite, des petits, des moyens, des grands, la logique veut que les premiers à sa portée doivent servir pour les entrées, mais cette cuillère plate à quoi peut-elle servir ? Elle n'en a jamais vu comme cela. Jean-Paul remarque sa perplexité.

« Tu as l'air soucieuse, Nina, qu'y a-t-il ?

– À quoi sert cette cuillère plate ?

– Tu as pris un homard à l'armoricaine, ma chérie. Au lieu de saucer avec du pain, ce qui est bien meilleur, mais qui ne se fait pas dans un restaurant ou dans un dîner, on te donne ici une cuillère pour recueillir la sauce. On va te mettre une serviette spéciale autour du cou, te donner un petit bol en argent avec de l'eau tiède et une tranche de citron, pour rincer tes jolis doigts. Comme nous avons pris la même chose, tu me regarderas faire, c'est très facile, je t'aiderai pour les pinces. Et puis ne te laisse pas impressionner par la morgue des garçons. Dis-toi qu'après leur travail ils sortent par la porte de service, mettent leurs casques, enfourchent leur vélomoteur puis retrouvent la plupart du temps une chambre de bonne. C'est l'envers de la médaille. Si je te raconte cela, c'est pour que tu te sentes plus à l'aise. »

Quel amour, cet homme ! Tout paraît simple et facile avec lui, il vous retire vos complexes avec le sourire. Nina, en bonne élève, écoute ses conseils, mais ne peut s'empêcher de remarquer :

« Mais pourquoi sont-ils si tristes, tous ces gens ? Ils sont coincés comme à l'église ! Dans le beau monde, est-il interdit de manifester son plaisir ? Ils devraient sourire à la beauté du cadre, au bonheur d'être là ! »

Jean-Paul regarde avec tendresse ce visage qui pétille de fraîcheur. Je l'adore, pense-t-il.

« Ne change surtout pas, Nina, garde toujours cet émerveillement, cette spontanéité, cette gaieté qui te différencie des autres et qui fait tout ton charme. »

Après dîner, il l'emmène dans une boîte à la mode qui surplombe la mer, et ils terminent leur soirée au casino. Il lui donne quelques plaques, la conduit à une table et lui dit :

« Regarde, joue, amuse-toi, je fais un petit tour dans la salle et je reviens. »

Nina, les plaques en main, observe les joueurs, leurs doigts crispés, leurs regards inquiets qui fixent la roulette, Nina, excitée par ce climat, cette tension, se décide enfin à jouer. Elle mise sur le 17 et le 9.

« Faites vos jeux, rien ne va plus... Numéro 17 ! »

Son numéro ! Le croupier, à l'aide de son râteau, pousse devant elle un paquet de plaques.

« Youpi ! » s'exclame-t-elle en tapant des mains.

Les gens autour du tapis vert sursautent et lui lancent un regard exaspéré. Mais elle s'en moque. Sophie a raison, l'essentiel est de profiter des bons moments. Elle mise à nouveau sur trois numéros. L'un d'eux sort. Un murmure gagne la table. On lui adresse maintenant des regards de sympathie. On guette son jeu. Elle pose une pile de plaques sur le 19. Le croupier lance la roulette. La bille tourne, tourne, saute d'une case à l'autre et s'arrête sur... Le 19 ! Le murmure s'amplifie autour de la table. Le croupier pousse devant elle une masse de plaques. Jean-Paul arrive à ce moment-là. Il reste stupéfait devant la pile de jetons et de plaques. Incroyable, incroyable ! Il lui pose la main sur l'épaule, elle se retourne.

« Regarde ce que j'ai gagné ! C'est fou, non ? Combien ça vaut une plaque ? Qu'est-ce que j'en fais maintenant ? »

Il prend une plaque, la jette sur le tapis vert.

« Personnel », dit-il.

Le sourire du croupier s'est figé à la vue de Jean-Paul, il le regarde bizarrement, assez méchamment. Nina lui dit au revoir d'un petit signe de la main, mais il reste de glace.

Jean-Paul l'entraîne vers la caisse. Elle pose fièrement les plaques sur le comptoir. Le caissier, très sérieux, les compte soigneusement, les range et sort d'énormes liasses de billets de 500 francs. Avec une rapidité de professionnel, il compte les billets devant elle.

« 5, 10, 15 et 155.

– 155 combien ?

– 155 000 francs, dit-il, imperturbable.

– 155 000 francs. Non, ce n'est pas possible, je rêve ! »

Elle se tourne vers Jean-Paul qui la regarde, amusé.

« J'ai envie d'y retourner pour jouer encore une plaque, tu veux bien ?

– Non, Nina, il faut savoir s'arrêter. Viens, on va plutôt aller fêter ça. Tiens, range ça dans ton sac, le reste je le mets dans mes poches. »

Il lui glisse à l'oreille :

« On rentre à l'hôtel, on risque d'être attaqués avec cet argent sur nous, il y a des spécialistes qui guettent les gens qui gagnent, et puis hop ! »

Était-il sérieux ou plaisantait-il ?

« Viens, ma chérie, j'ai une surprise pour toi.

– Une surprise ?

– Oui, viens, sinon on va tout rater. »

Arrivés dans leur chambre, Jean-Paul sort les liasses de ses poches, imitant le caissier.

« Et 5, 10 », dit-il en jetant l'argent sur le lit.

Nina l'imite, elle regarde l'argent, émerveillée, touche les liasses, les caresse, que de mois de salaire il y avait là...

« On partage ! C'est normal, tu m'as donné les plaques.

– Pas question ! Les plaques, c'était cadeau, et si tu avais perdu ?

– Oh ! Jean-Paul, que je suis heureuse, je vais acheter... »

Une déflagration éclate, est-ce une bombe ? Une autre déflagration, Nina se précipite, tremblante, à la fenêtre, mais elle a quand même le réflexe de rabattre la couverture sur les billets de banque !

« Viens vite voir, c'est un feu d'artifice, regarde comme c'est beau, Oh ! Celui-là... »

Il la regarde sautiller de joie.

« Regarde. Oh ! que c'est beau, on est ici en première loge.

– Ça te plaît ? Je l'ai commandé pour toi. »

Nina se retourne en riant.

« Tu ne me crois pas ? dit Jean-Paul.

– Bien sûr que non !

– On parie ?

– O.K. !

– Si je gagne, tu viens passer Noël à Miami avec moi, d'accord ?

– D'accord ! »

Le bouquet final arrive. Elle lui dit tristement :

« Dommage, j'aurais adoré aller à Miami avec toi. »

Il l'attire contre lui, d'autres déflagrations déchirent le ciel.

« Regarde ! »

Et dans le ciel doré d'étoiles, un nom s'inscrit en lettres de feu : NINA.

Elle regarde son nom écrit dans le ciel, les mains jointes sur les lèvres. Elle est bouleversée, elle tremble d'émotion, de grosses larmes glissent sur son visage, elle reste sans voix, il la serre très fort contre lui.

« Ne t'ai-je pas promis que je mettrais Monte-Carlo à tes pieds ? »

Rêveuse, elle va se faire couler un bain, verse le produit moussant, quelques gouttes de son parfum préféré, repasse dans la chambre où elle se déshabille lentement. Allongé sur le lit, Jean-Paul assiste avec délices au spectacle qui se déroule sous ses yeux. Chaque petit bout de dentelle enlevé laisse apparaître de vrais joyaux. Elle est foutue comme une déesse, pense-t-il, c'est un trésor que j'ai là, il faut que je la piège au maximum pour qu'elle ne puisse plus se passer de moi.

Nina relève sa chevelure en chignon, entre dans le bain, ses doigts glissent lentement sur ses bras, ses épaules, son cou, s'amusent avec la mousse. Dieu qu'elle est bien ! Que la vie est belle lorsqu'on est aimée, désirée, adulée ! Elle a peur tout à coup de ce bonheur, il est trop beau pour durer. Il faut en jouir au maximum, c'est toujours ça de gagné. Quand elle revient dans la chambre, enveloppée dans un peignoir, Jean-Paul la prend dans ses bras et la dépose doucement sur le lit en l'embrassant.

« Hum ! Que tu sens bon ! Que ta peau est douce ! Tu es un bouquet de printemps, une étoile dans la nuit, un soleil le jour, tu es faite pour l'amour, Nina. »

Et, sans attendre, il lui en donne la preuve.

Le parfum de Nina l'enivre, il plonge avec elle dans les délices de l'amour. Après quoi, ils s'endorment l'un contre l'autre, enlacés jusqu'au bout de l'amour et de la nuit.

Le soleil curieux a du mal à se frayer un passage à travers les persiennes et les rideaux épais. Il réussit quand même à taquiner le visage de Nina. Elle regarde sa montre : 11 h 15. Jean-Paul, à son côté, dort comme un enfant, le visage détendu, il sourit presque. Elle se lève sur la pointe des pieds, va dans la salle de bains pour faire sa toilette. Lorsqu'elle revient, il dort toujours. Elle pose délicatement un baiser sur sa joue, sur ses lèvres, il ouvre les yeux, la regarde, étonné. Non, il ne rêve pas, cette apparition matinale est bien réelle. Il s'étire.

« Quelle heure est-il ?

– Pas loin de midi.

– Tu as commandé le petit déjeuner ?

– J'y ai pensé, mais je ne savais pas comment faire », dit-elle confuse.

Il prend le téléphone, mais, avant de composer le numéro :

« Tu veux un petit déjeuner complet ou bien un thé simple avec un jus d'orange et je t'emmène ensuite déjeuner à Beaulieu ? C'est un endroit que tu aimeras beaucoup.

– Comme tu veux, dit-elle timidement.

– Allô ! Apportez-nous deux thés simples, deux oranges pressées, pas de toasts. Oui, c'est cela, merci ! »

Le week-end passe comme une bourrasque de bonheur et de folie.

Lorsque Nina arrive chez elle, Sophie ne dort pas, elle l'attendait avec impatience.

« Alors ? »

Tout en rangeant ses affaires, Nina lui raconte l'histoire des couverts, du casino, le feu d'artifice et lui montre fièrement les trois énormes liasses de billets de cinq cents francs. Sophie, ahurie, les yeux écarquillés, les caresse religieusement.

« Tu te rappelles la pleine lune ? dit-elle.

– La pleine lune ?

– Mais oui, il y a quelques jours, c'était la pleine lune, et tu lui as montré de l'argent en me disant que ça portait chance. Je me suis moquée de toi, mais crois-moi, la prochaine fois, je ne vais pas la rater ! Que vas-tu faire de cette fortune ? Il faut la déposer tout de suite à la banque.

– Tu es folle ! Je veux en profiter, m'acheter une voiture d'occasion, offrir un somptueux cadeau à mes parents, à Jean-Paul et à toi ! Si je le mets à la banque, je ne le verrai plus, je ne verrai plus que des chiffres. Ce week-end de luxe et de rêve m'a donné à réfléchir. Si un jour je deviens très riche, ma devise à moi sera : vivre riche et mourir pauvre.

– Qu'est-ce que tu veux dire par là ?

– C'est simple, si un jour la vie me donne la possibilité d'avoir une vie aisée, j'en profiterai au maximum. Je ne voudrais pas ressembler à tous ces pingres qui liardent sur leurs dépenses, et, crois-moi, ils sont nombreux. Ils amassent et regardent grandir leur fortune, sans savoir donner, ni offrir un bouquet de roses à leurs petites amies ou à leurs femmes. Ils supportent la vie au lieu de la vivre. Ils sont avares dans la vie et petits dans leurs cœurs, et puis, un beau jour, ils basculent dans l'autre monde plus tôt que prévu, et, comme on n'a jamais vu un coffre-fort suivre un corbillard, pour les héritiers, c'est la fête ! Et le fisc, lui, passera très vite encaisser ! Je préférerais mille fois me marier avec un pauvre généreux qu'avec un riche radin ! En plus, s'il est radin avec son argent, c'est sûr qu'il doit l'être en amour. Mon rêve, c'est qu'il ait les trois C.

– Les trois C ?

– Oui : le choc, le chic, le chèque, comme Jean-Paul en quelque sorte.

– Il y a des jours où tu me surprends !

– Je t'ai choquée ? Je plaisantais, enfin pas tout à fait. En attendant la suite de mon roman d'amour avec Jean-Paul, je vais téléphoner dès demain dans une auto-école pour prendre des leçons, et, lorsque j'aurai mon permis, on fera de belles balades au bord de la mer, dans l'arrière-pays, on ira au marché à

Vintimille.

– Super ! Et on ira passer des week-ends à Monaco, à Saint-Tropez, San Remo, Saint-Paul-de-Vence... »

Jean-Paul est de plus en plus attentionné, amoureux, ils ne se quittent plus ou restent des heures à bavarder au téléphone, et, lorsqu'il lui annonce qu'il doit être à Paris le week-end prochain et qu'il l'emmène avec lui, elle laisse éclater sa joie. Paris ! Elle n'a jamais eu l'occasion d'y aller, avec lui cela va être formidable. Sophie lui indique l'adresse d'une voyante extraordinaire et lui conseille d'aller la voir. Nina ne croit pas trop à ce genre de choses, mais devant l'insistance de Sophie, elle lui téléphone. La voyante lui demande son heure, sa date de naissance, l'endroit où elle est née afin d'établir son thème astral puis lui fixe un rendez-vous.

« Tu verras, lui dit Sophie, elle est incroyable ! Tout le monde en parle. »

Le jour du départ, alors que Nina finit de préparer ses affaires, Sophie la regarde, assise sur son lit en position de lotus, en tee-shirt et short rose à fleurs, socquettes roses (elle paraît avoir quinze ans ainsi). Elle rêve à travers Nina, pense que tout peut arriver, même l'impossible, elle l'envie et l'admire, elle ressent pourtant au fond de son cœur un petit pincement d'inquiétude : elle a peur de perdre son amie, elles sont tellement bien ensemble ! C'est un peu égoïste de sa part, c'est vrai, mais Nina est la joie de vivre même, et elle provoque de telles situations qu'on ne s'ennuie pas une minute avec elle.

« C'est étrange, dit Nina, j'ai comme un mauvais pressentiment. Je devrais être folle de joie à l'idée de passer le week-end à Paris avec l'homme que j'aime, mais je n'arrive pas à dissiper le malaise qui est en moi.

– C'est normal ! Il y a un tel changement dans ta vie et dans ton cœur en ce moment. Auras-tu le temps de consulter la voyante ?

– J'ai de la chance, Jean-Paul est pris à cette heure-ci par un rendez-vous d'affaires ! Je lui raconterai que je vais faire un peu de shopping. »

Jean-Paul a demandé à Nina d'emporter une robe du soir car il lui réserve une surprise, il faut qu'elle soit très belle.

Lorsqu'ils arrivent à Paris, un chauffeur les attend. La limousine les dépose dans l'un de ces grands hôtels où Jean-Paul a l'habitude de descendre. Il sonne la femme de chambre pour qu'elle donne un coup de fer à repasser à son smoking et à la robe du soir de Nina. Celle-ci se pomponne dans la salle de bains, tandis qu'il en profite pour écouter les informations.

Sa surprise est de taille lorsque la limousine les dépose devant chez *Maxim's*. Deux chasseurs, tout de rouge vêtus, casquette à la main, leur ouvrent les portières. Nina pénètre très émue dans ce lieu magique, où une musique tzigane les accueille, scandant les battements précipités de son cœur. Le décor 1900, l'acajou et le cuivre, les fresques amoureuses, le plafond en vitraux, créent une atmosphère hors du temps. Les maîtres d'hôtel, en queue-de-pie et nœud papillon, évoluent comme dans un ballet à travers les tables. Le faste du présent se superpose à celui du passé, à l'époque où rois et princes venaient sabler le champagne et l'amour, avec des fleurs de printemps, d'été, d'automne, célébrer une idylle naissante.

Les femmes portent des toilettes somptueuses, qui mettent en valeur leur féminité et étoilent leur regard. Ici, le rêve est partout présent, il caresse chaque visage, effaçant momentanément les soucis qui les froissent.

« Le vendredi soir, dit Jean-Paul, la robe du soir et le smoking sont de rigueur, on le signale à la réservation. C'est une excellente habitude car, de nos jours, les gens ne s'habillent presque plus ! »

Nina, elle, continue de planer. Jean-Paul sourit lorsqu'il la voit glisser discrètement dans sa minaudière la pochette d'allumettes en guise de souvenir. Elle rayonne. Il remarque avec orgueil les regards masculins posés sur elle. Ce n'est pas seulement sa beauté qui les attire, mais aussi son assurance, et cette classe qu'elle commence à acquérir. Elle a une faculté d'adaptation surprenante, pense-t-il. Soit je suis un excellent professeur, soit c'est elle qui est une élève surdouée !

« À quoi penses-tu, Jean-Paul ?

– À toi, à nous, au bonheur d'être là ce soir avec toi. »

Au cours du repas, le violoniste s'approche de leur

table et demande à Nina son air préféré.

« *Les Yeux noirs* », dit-elle, l'œil brillant.

Il s'exécute et fait pleurer son violon en la regardant droit dans les yeux. Nina, gênée, prend sa coupe de champagne pour se donner une contenance et la porte à ses lèvres. Le photographe accroche sur sa pellicule ce beau couple amoureux. Il reviendra à la fin du repas remettre à Nina un petit album rouge, frappé en lettres d'or du célèbre nom de *Maxim's*. À l'intérieur est immortalisée leur soirée.

Vers minuit, les serveurs dégagent la piste de danse, et l'orchestre entame une valse viennoise. Un couple se lève aussitôt. Tous deux sont dans l'hiver de leur âge, mais ils gardent le reflet d'une beauté qui dut être éblouissante. Avec une élégance parfaite, la souplesse et la grâce de professionnels, ils s'enlacent, les yeux dans les yeux, le courant d'amour qui passe entre eux est tel que toute la salle les contemple avec émotion. Eux sont seuls au monde, ils ne remarquent rien. L'espace d'une danse, ils revivent leur jeunesse perdue. L'ont-ils vraiment perdue leur jeunesse puisque leur cœur brûle toujours ?

Nina est troublée par cette scène. Quand le maître d'hôtel lui apporte la carte des desserts, elle l'interroge :

« Quel couple bouleversant, viennent-ils souvent ici ?

– Pratiquement chaque vendredi, depuis de longues années. Et ils réservent toujours la même table. »

La commande passée, Nina reste songeuse, Jean-

Paul lui passe la main devant les yeux :
« Hé ! Ma chérie, tu rêves ?
– Oui, je rêve de réaliser un long parcours comme eux. »

Le lendemain, comme prévu, elle se rend chez la voyante, près de l'Étoile, en taxi. Celle-ci la fait entrer directement dans son bureau qui baigne dans la pénombre. C'est une brune aux cheveux courts, assez jeune, avec un joli visage ovale très doux. Nina n'arrive pas à discerner la couleur de ses yeux. La voyante parle d'une voix calme. Elle commence par lui décrire son enfance, sa mère... Tout à coup :
« J'entends dans ma tête le nom de Jean-Paul, cela vous dit quelque chose ? »
Nina, surprise, acquiesce de la tête.
« Il est très amoureux et joue en quelque sorte le rôle de Pygmalion avec vous. Il aime ça et vous emmène dans des endroits somptueux. Tiens, je vois une femme brune près de lui. Elle va se manifester très bientôt. Je vois même une scène de violence dans la rue. C'est une hystérique, méfiez-vous, ça doit être sa maîtresse attitrée. »
Nina, figée, l'écoute attentivement.
« Je vois trois hommes qui vont marquer votre vie. »
Rien que ça ! pense Nina, amusée, je ne vais pas m'ennuyer au moins !
« Le premier, c'est ce Jean-Paul. Il va vous laisser de profondes blessures. Il essaiera de revenir, mais c'est vous qui n'en voudrez plus. Le deuxième a le teint basané, c'est un très bel homme, grand, aux yeux

verts. Vous le rencontrerez au cours d'une réception qu'il donnera sur son yacht. C'est un prince arabe. Vous connaîtrez une grande aventure avec lui. Mais elle va très mal se terminer. »

Elle s'arrête net, fronce les sourcils et se concentre davantage :

« Vous allez courir avec lui un grand danger. Et vous serez témoin, malgré vous, d'un complot terrifiant. Il sera pris dans un chantage monstrueux. Des menaces terribles pèseront sur son peuple. On essaiera de l'assassiner, je vois du sang partout. Un kidnapping. Du sang encore. Un jeune homme, un étranger, tentera de vous sauver... »

La voyante continue dans son délire policier, Nina l'écoute, pétrifiée. C'est une folle, pense-t-elle, une folle furieuse, comment peut-on raconter des absurdités pareilles !

Lorsqu'elle se retrouve dans la rue, à la recherche d'un taxi, elle est effondrée, le moral à zéro. Dire qu'elle a dépensé son argent pour écouter des âneries, tout cela à cause de Sophie. Toutefois, elle est troublée car, dans sa folie verbale, celle-ci a quand même révélé ne serait-ce que sur son enfance des faits réels. Cette histoire de femme brune qui serait la maîtresse attitrée de Jean-Paul la perturbe. Allons donc, c'est une idiotie parmi d'autres ! Kidnapping, complot, assassinat..., n'importe quoi !

C'est avec soulagement qu'elle retrouve Jean-Paul. Comment ce sourire si franc, si éclatant pourrait-il dissimuler une quelconque traîtrise ? Elle se blottit dans ses bras, pour se libérer de son manteau d'angoisses. Quelque chose perce de son désarroi, que Jean-Paul remarque.

« Qu'as-tu, mon amour ? Je te sens préoccupée.

– Oh, non, je suis heureuse. Trop même. J'ai peur de ce bonheur, que tu me blesses un jour.

– Te blesser, toi ! Mais je t'aime trop pour cela, pourquoi te ferais-je du mal ?

– Je ne sais pas...

– Alors, chasse vite ces idées noires. Pour notre dernière soirée à Paris, je t'emmène dîner dans un restaurant chinois : *Le Jardin violet.* »

Ils arrivent au *Jardin violet.* On sent une main féminine dans le raffinement de la décoration. C'est un cadre pour amoureux où mille rêves vous passent par la tête en une seconde. Une ravissante jeune fille aux yeux bridés, en sari rouge très échancré, sexy tout en restant froide comme savent l'être les Eurasiennes, prend leurs manteaux, les suspend et les précède pour les accompagner à leur table qui se trouve au deuxième étage.

Au rez-de-chaussée, une fontaine où trône une statue de nymphe entourée de plantes vertes ; au premier étage, un bar très intime et un gigantesque aquarium, où des poissons rarissimes aux couleurs d'arc-en-ciel agitent des nageoires comme de longs voiles translucides ou irisés. Au deuxième étage, chaque table ronde est isolée des autres comme un petit salon privé, par des panneaux de verre dépoli peints de paysages aux teintes pastel. Le plafond forme une sorte de verrière d'où tombent des lianes et des guirlandes qui s'entrelacent et viennent former des grappes au-dessus des tables. Là, une minuscule cascade émet un bruissement cristallin à peine perceptible. Les garçons, très stylés, en gilet à rayures grises et blanches avec de gros boutons dorés, pantalon noir impeccable, assurent leur service avec une telle discrétion qu'on ne les remarque même pas lorsqu'ils desservent. Les paravents de verre séparant les tables se marient merveilleusement bien avec les boiseries ajourées et sculptées des murs. Les tables rondes sont recouvertes d'une nappe couleur parme et dressées avec un goût raffiné. Nina remarque qu'il y a même des couverts en argent en plus des baguettes, mais pas de couteaux ! Avec son regard de jeune lynx, elle examine chaque détail discrètement pour pouvoir envelopper ses rêves dans un papier de soie et tout emporter dans ses souvenirs. Elle s'imagine à Hong-Kong.

Jean-Paul observe Nina, il pense qu'elle rafraîchit sainement sa vie, qu'elle est trop bien pour lui, qu'il ne la mérite pas. Pourquoi lui a-t-elle dit tout à l'heure : « J'ai peur que tu me blesses un jour » ? À cet instant précis, il réalise qu'il peut effectivement lui faire très mal. Il n'est pas du tout prêt pour le mariage, et elle, elle est trop romantique, trop fragile, pour se contenter d'une simple aventure sans lendemain. Lui, il ne veut pas se laisser étouffer par un grand amour, il aime se sentir libre pour pouvoir butiner à sa guise chaque belle fleur, très jeune de préférence. Nina est la plus belle de toutes celles qu'il a connues jusqu'à présent, sa jeunesse, sa beauté, le velouté de son corps l'enivrent, mais pas au point de le piéger, de l'enchaîner, la bague au doigt, à une femme si belle, si exceptionnelle soit-elle. À travers les barreaux de sa prison dorée, il regarderait les belles filles défiler sous ses yeux gourmands. Il en serait réduit, au bout de quelques années de mariage, où l'habitude se serait installée après l'amour, à attendre avec impatience, après le rituel du soir, que la dernière lampe de chevet soit éteinte pour retrouver sa complice la nuit qui lui servirait ses fantasmes au gré de son imagination, la dernière brune, ou blonde, ou...

Le cœur dans la tempête

Autour de Jean-Paul, le mystère s'installe après deux mois d'amour et de folie, ses déplacements deviennent de plus en plus nombreux, ses absences plus longues, le téléphone reste souvent muet. Nina refuse même de sortir avec Sophie et ses amis pour attendre, les yeux rivés sur le téléphone, un appel éventuel de lui. Elle a fait poser une prise près de son lit pour avoir la combiné à sa portée la nuit, mais en vain.

Il y a maintenant trois semaines qu'elle est sans nouvelles de lui. Le doute et l'angoisse commencent à la lanciner et pincent férocement son cœur, elle prend conscience qu'elle ne sait rien de lui, de ses affaires, de sa vie privée. Par lâcheté, elle ne lui a posé aucune question, voulant vivre pleinement son bonheur en égoïste, même si celui-ci ne devait durer que quelque temps. C'est cela sa force à elle, et son secret : ne pas effrayer un homme, il ne doit jamais se sentir étouffé par un amour possessif et jaloux qui l'opprime, il faut qu'il se sente libre, il faut lui laisser la porte grande ouverte, mais faire en sorte qu'il n'ait pas envie de la franchir ! En lui donnant le meilleur d'elle-même, quoi qu'il lui en coûte d'efforts, en étant toujours coquette, secrète, en jouant le jeu de la séduction. Elle voulait être comme il aimerait qu'elle soit dans sa vie. L'amour n'est pas un acquis, on ne s'y installe pas comme un fonctionnaire. Il faut savoir beaucoup donner pour recevoir, elle sait d'instinct tout cela, elle sait aussi que, dans un couple, il existe un rapport de forces et toujours un perdant. Et si, malgré tous ses efforts, son amour reste à sens unique, c'est que ce n'est pas lui le bon, il faut qu'elle ait à ce moment-là le courage de partir, de ne plus insister. Si cet amour est négatif aujourd'hui, il le sera davantage demain et encore plus après-demain ! Elle en est sûre ! C'est dur, horrible, mais elle veut, quoi qu'il lui arrive dans la vie, affronter toujours la vérité en face, aussi cruelle soit-elle car s'accrocher, c'est provoquer le pire.

La maladie d'amour commence à la meurtrir. En elle-même, elle donne à Jean-Paul un mois de préavis, ensuite, elle se prendra en main, se soignera, essaiera d'oublier, de toute façon, elle n'a pas le choix, à moins d'acheter une énorme provision de boîtes de Kleenex.

Une semaine après, alors qu'elle n'avait toujours pas de nouvelles de lui, à la sortie de la fac, une jolie brune, très élégante, trente ans peut-être, s'approche d'elle, accompagnée de deux autres femmes, et lui demande :

« Vous vous appelez bien Nina ? »

Nina, étonnée, acquiesce de la tête. Aussitôt, elle s'entend poser brutalement cette question :

« Jean-Paul, qui est-il pour vous ? »

Le ton très agressif de la jeune femme irrite et ravive la blessure de Nina. Consciemment ou inconsciemment, pour se venger de Jean-Paul, elle répond sur le même ton en y ajoutant de l'arrogance :

« Mon ami ! En quoi cela vous regarde-t-il ? Et de quel droit me posez-vous cette question ?

– De quel droit ! De quel droit ! Mais c'est mon mari ! crie-t-elle, hors d'elle, rouge de colère, et toi, tu n'es qu'une sale petite garce. »

Avant même que Nina ait le temps de réagir, elle se jette sur elle en état d'hystérie, la gifle, l'attrape par les cheveux et la jette à terre. Elle commence à lui lancer des coups de pied, quand ses deux accompagnatrices la saisissent par les bras et la tirent en arrière.

« Ça suffit, Nadia. Elle a eu sa leçon, maintenant on s'en va. »

La femme de Jean-Paul se calme un peu, mais ne peut s'empêcher de proférer des menaces :

« Tu as compris ? Si tu tiens à garder ton joli visage, je te conseille de ne plus revoir mon mari. Sinon, je me ferai un plaisir de te vitrioler, et je ne te raterais pas, crois-moi, je sais même où tu habites ! »

Sophie, qu'une amie est allée chercher, arrive, essoufflée, devant un attroupement d'étudiants moqueurs et de quelques professeurs. Demain, c'est sûr, Nina sera convoquée chez le recteur pour ce scandale. Elle la prend par le bras, hèle un taxi. Toutes deux s'y engouffrent.

« C'est horrible, gémit Nina, il était marié, et je ne le savais pas ! C'est affreux ce qui m'arrive, sanglote-t-elle, je n'arrive pas à le croire.

– Allons, calme-toi, tu vas te rendre malade.

– Tu as un mouchoir ? »

Sophie cherche dans son sac. En vain. Le chauffeur de taxi se retourne à moitié et lui tend un petit paquet de Kleenex :

« Pauvre petite. Ce type est un sacré salaud. Oubliez-le vite ! Dire que j'ai une fille de votre âge à qui cela pourrait arriver. »

À la fin de la course, il refuse leur argent :

« C'est mon cadeau. »

Nina s'écroule en sanglotant sur son lit, sans dîner. Sophie pense à la voyante qui lui avait prédit la scène, elle n'ose le souligner à Nina ; ce n'est pas le moment, mais c'est troublant quand même ! Nina s'était moquée d'elle et lui avait raconté en détail les prédictions de la voyante. J'espère que pour la suite elle s'est trompée, pense Sophie.

Nina panique à l'idée d'affronter, le lendemain, les sourires moqueurs et méchants de ses collègues de la fac. Hier, elles bavaient de jalousie lorsqu'elle partait en Porsche sous leurs yeux, demain elles vont jubiler ! C'est sûr et ça va jaser.

C'est seulement le surlendemain qu'elle reçoit enfin un coup de téléphone de Jean-Paul. Il est aux États-Unis, furieuse, elle laisse éclater sa colère :

« Tu peux être fier de toi. Ah ! Tu t'es bien moqué de moi ! Ta femme est venue me faire un scandale à la sortie de la fac. C'était spectaculaire. Très réussi dans le genre ! Je te déteste !

– Ma femme ? Mais je ne suis pas marié !

« – Peut-être, mais je ne veux plus jamais te voir, jamais ! »

Elle raccroche. Il rappelle. Nina refuse de répondre. Sophie se décide à prendre l'appareil :

« Allô !

– Sophie ? Écoutez, je ne comprends rien à cette histoire. Dites à Nina que je ne suis pas marié. J'ai eu avant elle une liaison avec cette femme, mais c'est fini maintenant, je lui ai dit que j'aimais Nina. Elle s'est vengée, passez-la-moi, Sophie. »

Nina refuse obstinément de l'écouter, Jean-Paul, de l'autre bout du monde, est comme un fou, il essaie de se justifier auprès de Sophie. Au bout d'un long moment, celle-ci raccroche, perplexe.

« Nina, son ton était sincère. Tu connais les femmes, pour se venger elles sont prêtes à tout. »

Le téléphone sonne à nouveau quelques instants plus tard, Nina décroche :

« C'est Nina ? » questionne une voix agressive.

Elle reconnaît la voix de la folle.

« Non, non, c'est son amie. »

Sophie prend immédiatement l'écouteur en voyant blêmir Nina.

« Bien, vous direz à votre amie que je ne plaisantais pas. À la moindre tentative auprès de mon mari, je la défigure. Je n'ai rien à perdre si elle me prend l'homme que j'aime. Je ne le supporterai pas. Elle est jeune, belle, elle lui trouvera facilement un remplaçant.

– Mais, bredouille Nina, il lui a téléphoné et a nié être marié avec vous. Vous êtes seulement une ancienne liaison, lui a-t-il dit.

– Oh, le salaud ! Je vais lui régler son compte à son retour des États-Unis. Il a dû lui faire le coup du charme, et lui donner à elle aussi un avant-goût des Mille et une Nuits, c'est sa spécialité. Il le fait régulièrement aux filles de son âge, il a un faible pour les minettes. En principe, cela ne dure pas trop longtemps. Trois semaines au plus, mais avec votre amie la sérénade a assez duré, dites-lui que j'ai l'œil sur elle. »

Elle raccroche, furieuse, Nina est prise de malaises, des sueurs froides inondent son front, elle ne peut que murmurer à Sophie :

« Avec une hystérique pareille, je dois m'attendre à tout, et surtout au pire, une femme amoureuse jalouse et cocue peut aller jusqu'au bout de sa folie. Je dois maintenant payer l'addition de mon fugitif bonheur. »

À son retour des États-Unis, Jean-Paul tente de la reconquérir. Elle lui cède par deux fois, mais ce n'est plus pareil, le rêve est cassé. À plusieurs reprises elle a vu son ex-maîtresse – mais est-ce bien une ex-maîtresse ? – rôder dans sa rue. Ils se voyaient en cachette à l'extérieur, au restaurant, elle craignait toujours de la voir surgir pour provoquer un scandale. Cette situation n'était plus vivable, son beau nuage rose avait viré au noir, menaçant, prêt à éclater en orage, en éclairs foudroyants. Si elle persistait avec lui, elle allait traverser une tempête, un cyclone. Son cœur, complètement fou, essaie de l'influencer, mais c'est sa tête qui, heureusement, prend le dessus.

Qu'il est long, dur, pénible, le chemin de l'oubli ! C'est un vrai calvaire. Parfois, elle a l'impression que la folie la guette. Sophie ne sait que faire pour la consoler, calmer son chagrin. Elle l'emmène en boîte pour la distraire, lui présente des amis, mais certains airs de musique ravivent en elle de troublants souvenirs, lui arrachent des larmes. Et tout ce monde lui paraît superficiel. Ces jeunes gens qui la courtisent, qu'ils sont donc fades, inodores et sans saveur à côté de Jean-Paul ! Il est vrai que ce qu'elle vient de connaître est exceptionnel. Retrouvera-t-elle l'équivalent ? Sûrement pas, elle en a conscience, et cela aggrave son chagrin. Malgré elle, ses pensées reviennent sans cesse à Jean-Paul, comme un papillon attiré par les flammes qui le brûlera. Que reste-t-il de son amour ? Pour lui, elle avait transformé son cœur en palais, aujourd'hui, il n'est plus que ruines et décombres.

Elle se plonge dans ses études, passe son permis de conduire, s'achète une jolie voiture d'occasion chez un ami garagiste et part en week-end à Saint-Tropez avec Sophie.

Papinou et Yvette sont heureux de voir la petite. Yvette a fleuri la maison, astiqué les cuivres, ciré les meubles, fait les vitres, a préparé les farcis, acheté la tarte tropézienne et la bichette à la pâte d'amande. Quant à Papinou, il est allé chez le coiffeur tôt le matin, il a mis la chemise à carreaux, achetée pour l'occasion par Yvette, sur le marché, il s'est parfumé à la lavande de Caron, celle qu'il préfère. Nina leur a dit qu'elles arriveraient vers midi par leurs propres moyens, ce qui l'intrigue un peu. Il décide d'aller à leur rencontre sur la route. Une voiture s'arrête à sa hauteur.

« S'il vous plaît, monsieur, la maison des Cigales ?

– Mais c'est chez moi ! s'écrie-t-il. (Il se penche :) Oh, Nina ! »

Elle descend de voiture, lui saute au cou.

« Papinou, mon Papinou chéri, comme je suis contente de te voir, tu me manques, tu sais ? »

Papinou, pour cacher son émotion et arrêter la gouttelette qui perle à ses yeux, s'exclame après l'avoir embrassée :

« Tu conduis maintenant ? Tu as loué une voiture ?

– Non, mon Papinou, elle est à moi, tu as vu comme elle est belle ! J'ai gagné au loto, tu te souviens, je te l'ai dit ! »

Elle échange un regard de connivence avec Sophie : elle n'a pas osé dire à son grand-père qu'elle avait joué au casino !

« Mon Dieu ! Vous êtes venues seules dans cet engin ? Avec tous ces virages ! C'est vrai qu'elle est belle, ta voiture. Tu as dû la payer...

– Bonbon ! C'est ce que tu voulais dire ? »

Sophie s'approche à son tour.

« Bonjour, ma Sophinette, viens que je te fasse la bise, tu déjeunes avec nous ?

– Non, mes parents m'attendent. Nina va me déposer chez eux. Mais je vous rejoindrai ce soir pour dîner. »

Quelques instants plus tard, Yvette, les mains sur les hanches, voit arriver, curieuse, étonnée, sa petite, au volant d'une voiture pimpante.

Le déjeuner est très gai, Yvette et Papinou parlent beaucoup et racontent à Nina les derniers potins du village.

« La femme de Marius Couillaroso le fait tellement cocu que le pauvre Marius, s'il montait à Paris, il ne pourrait pas passer sous l'Arc de Triomphe tellement ses cornes sont hautes ! Et ce grand couillon, il ne s'en aperçoit même pas, dit Papinou.

– Surveille ton langage, tu n'es pas au *Bar des Amis*, ici, dit Yvette en riant, et puis tu exagères un peu, c'est vrai qu'il est cocu, mais pas à ce point ! »

À la fin du repas, Nina propose :

« Une balade en voiture après la sieste de Papinou, ça vous tente ? »

Yvette refuse, prétendant qu'elle a trop de choses à faire, notamment préparer le dîner, mais Papinou accepte avec joie. Vers 17 heures, ils partent tous les deux au village.

« Dépose-moi devant le bar, je vais aller dire bonjour à mes amis, tu reviendras me prendre dans une heure.

– O.K., je vais aller faire un peu de shopping et je repasse te prendre vers 18 h 30, c'est bon ?

– Ça va, mais pourquoi tu dis O.K., shopping, tu ne peux pas parler français comme tout le monde ? » dit-il pour la taquiner.

Tout en parlant, ils étaient arrivés au village. Soudain, surgit une moto qui fait une queue de poisson à Nina. Celle-ci, pour l'éviter, donne un grand coup de volant à droite, monte sur le trottoir, se trompe de pédale, au lieu de freiner, elle accélère à fond et se retrouve, après un fracas épouvantable, dans un magasin de chaussures ! Tout vole en éclats. Le patron qui était derrière la caisse a juste le temps de faire un bond de côté : la caisse éclate également. Le mur stoppe la voiture là, le désastre apparaît dans toute son ampleur aux yeux de Nina. Le patron, dont le dentier, sous le choc, s'est décroché, hurle, complètement affolé :

« Au checours ! Au checours, appelez la poliche ! »

Le jeune homme qui, sur son échelle, nettoyait la vitrine s'est retrouvé à plat ventre sur le capot de la voiture, complètement assommé, bras et jambes écartées. Quant à la grosse cliente qui était en train d'essayer des chaussures, elle s'est trouvée projetée en arrière, jambes en l'air, découvrant ses cuisses énormes et sa culotte en épais coton rose. De l'extérieur, le spectacle était hilarant. Les vendeuses s'étaient égaillées comme une basse-cour affolée. Papinou s'était cogné la tête contre le pare-brise, heureusement que sa casquette avait un peu amorti le coup, il avait quand même une bosse qui commençait à grossir à vue d'œil. Complètement sonné, il ne cessait de répéter, baissant et relevant la tête en cadence :

« Mais où je suis, mais où je suis ?

– Dans un magasin de chaussures.

– Qu'est-ce qu'il m'arrive, qu'est-ce qu'il m'arrive ?

– Ne t'inquiète pas, tu n'as qu'une petite bosse. »

Nina contemple avec stupeur le spectacle, elle n'ose sortir de la voiture de peur d'affronter la colère du patron. Des curieux sont entrés dans le magasin. L'un d'eux reconnaît Nina :

– Ho ! Nina, tu as des ennuis ? C'est toi qui as fait ça ?

– Oui, Pascal, mais Papinou n'a rien, il est seulement choqué.

– Ne t'inquiète pas, je te sers de témoin. »

L'ambulance arrive, emmène les deux hommes commotionnés. La grosse dame sonnée récupère en s'éventant tout en avalant un verre d'eau qu'une des vendeuses lui a donné pour se remettre. Les gendarmes arrivent aussi et s'adressant aux curieux en roulant les « r » :

« Circulez, circulez, il n'y a rien à voir. (Puis à Nina :) Donnez-moi vos papiers, votre permis s'il vous plaît. »

Nina fouille dans son sac, sa main tremble.

« Le voici ! »

Toujours en roulant les « r », le gendarme s'exclame :

« Ah ! Bravo ! Félicitations, bon début ! Vous avez eu votre permis de conduire dans une pochette-surprise ? (Voyant Nina catastrophée et toute penaude, il continue :) Heureusement qu'il n'y a pas de morts ! Je vous retire votre permis, vous êtes d'accord ? J'espère que vous êtes consciente que vous représentez un vrai danger public ! »

Pascal s'adresse à lui :

« Oh, Fernand, ne l'embête pas, je la connais, c'est

la petite-fille de Roupilo, toi aussi tu as débuté.

– Bien sûr, mais Dieu merci ! pas de la même façon !

– Elle s'est trompée de pédale, voilà tout, ça peut arriver à tout le monde, non ? »

Le gendarme répond d'un air ironique :

« Va le dire au patron, demande-lui de retirer sa plainte. Dans ces conditions, nous, on fermera les yeux. »

Pascal observe le désastre, plus de vitrines, la caisse, le comptoir, les rayonnages, en mille morceaux, des dizaines de chaussures écrasées.

Le gendarme reprend :

« Alors, Pascal, tu es toujours témoin à décharge ?

– C'est-à-dire que..., dit-il en se grattant le dessus de la tête.

– Allez, va, laisse tomber ! Ne te mêle pas de ça. »

Nina récupère Papinou à l'hôpital, les radios sont bonnes, il n'a que cette grosse bosse.

Yvette croit s'évanouir en voyant arriver son mari en taxi, la tête bandée. Nina la rassure, mais elle est horriblement vexée et malheureuse, surtout pour son Papinou. Le permis et la voiture, elle s'en moquait, d'autant plus que celle-ci, par miracle, n'avait pas grand-chose.

Le lendemain, Nina emprunte la Méhari de Papinou et passe prendre Sophie chez elle. En la voyant arriver, celle-ci pousse des hauts cris.

« Tu es folle, Nina, tu n'as plus le droit de conduire après ce que tu as fait hier.

– On ne rentrera pas en ville, on ira jusqu'à la Citadelle, il y a toujours de la place et jamais de flics, je ne risque rien. »

Elles arrivent à la Citadelle, pas une place ! Nina a une idée.

« C'est tout en sens interdit par ici, pour embêter les touristes. Comme la rue est en pente, je vais descendre doucement en marche arrière, on évitera ainsi de faire le grand tour. »

Elle s'exécute sous l'œil ironique des passants. Lorsqu'elles arrivent en bas de la rue, deux gendarmes, les mains sur les hanches, les attendent de pied ferme, leur barrant la route.

« Dites, mesdemoiselles, vous comptez allez loin comme ça ? »

Devant la tête des gendarmes, Sophie et Nina sont pliées en deux par le fou rire. Eux aussi ont du mal à garder leur sérieux. L'un d'eux reconnaît Nina. Il s'exclame :

« Encore vous ! (Il s'adresse à son copain :) Je te présente la nouvelle cascadeuse de Saint-Tropez. Bientôt on va la décorer pour ses exploits. Hier, elle est rentrée dans un magasin de chaussures, aujourd'hui peut-être qu'elle va se payer la terrasse de *Sénéquier* ! (Il se tourne vers Nina.) Vous savez que vous n'avez plus le droit de conduire, et pour cause !

– Je vous en supplie, monsieur le gendarme. C'est pour une course urgente, je ne recommencerai plus. J'en ai pour cinq petites minutes.

– Je vous en donne dix. Après, j'ouvre les yeux.

– Merci, monsieur le gendarme, vous êtes un amour, dit-elle en le charmant du regard. »

Les yeux du gendarme papillotent, il rougit comme un collégien. Lorsqu'elles reviennent quelques minutes après ils sont toujours là.

« Tenez, on vous a acheté une bouteille de pastis.

– On n'a pas le droit d'accepter, c'est contraire au règlement.

– Je sais, dit Sophie, mais cette bouteille, c'est pour la boire avec vos collègues car je sais qu'il y a aussi chez vous la pause pastis ! Au revoir, messieurs, et merci ! »

Les deux gendarmes regardent, d'un air rêveur, ces deux belles filles s'éloigner.

« Elles sont super-mignonnes toutes les deux, dommage que je sois marié », dit l'un d'eux.

Ce week-end mouvementé tire à sa fin. Papinou les accompagne au car. C'est une autre façon de vivre, pense Nina en envoyant de gros baisers à Papinou à travers la vitre du car en guise d'au revoir.

Souvenirs, souvenirs

Peter, Jean-Paul, Peter, Jean-Paul... Ces deux noms, ces deux visages l'obsèdent, tournoient dans sa tête.

Nina se tourne et se retourne inlassablement dans son lit, essayant en vain de trouver le sommeil, son pauvre oreiller subit ses nerfs qui meurtrissent encore son cœur.

D'avoir entendu la voix de Jean-Paul au téléphone, tout à l'heure, a ravivé en elle tous ses souvenirs merveilleux. Ils ont voltigé dans sa tête à une vitesse vertigineuse, comme un ballet de fantômes ou de démons.

Jean-Paul avait illuminé ses nuits, ses rêves les plus fous. Ils passaient des week-ends entiers, dans ce qui était, elle s'en rend compte maintenant, sa garçonnière. Ils ne se levaient de leur lit que lorsque leurs ébats réveillaient leur appétit féroce, à des heures impossibles. Ils se précipitaient alors en riant dans la cuisine pour chercher dans le réfrigérateur de quoi assouvir leur faim. Il l'aidait à préparer des plateaux, voulant profiter au maximum de sa présence. Elle a connu avec lui ce qu'il y avait de mieux en amour. Dommage qu'il se soit avant elle enchaîné à une autre femme !

Elle a lutté avec force et courage contre elle-même pour engloutir son chagrin et sa douleur dans le gouffre de l'oubli. Elle a cru y arriver grâce à Peter, et cette nuit elle vient de revivre le passé, enfoui dans ses souvenirs. D'horribles angoisses l'oppressent, le soleil a même disparu de son cœur.

Lors de cette longue nuit blanche, elle se remémore, tel un film vidéo, sa rencontre avec Hassan. Avec lui aussi, ce n'était pas mal non plus ! Totalement différent, un autre conte de fées.

Hassan

C'est dans une soirée privée sur un superbe yacht qu'elle a connu Hassan. Un de ses amis, Jean-Claude, un décorateur homosexuel, avait été invité, et tout naturellement il lui avait proposé de l'accompagner.

« Ça me rendra service, lui avait-il dit, dans ce genre de réception, il vaut mieux être vu en compagnie féminine, surtout avec les personnalités du Golfe.

– Pourtant, il paraît que ces gens-là sont plus tolérants avec les homos, dit Nina.

– Tu parles ! Ils sont aussi hypocrites que les Européens, ça s'exhibe avec leurs femmes et ça se paie des minets en douce.

– Alors, tu m'emmènes dîner sur un yacht ce soir ?

– Oui, sur le bateau d'un prince arabe, je ne l'ai jamais vu, mais j'ai eu l'occasion de décorer une de ses maisons. Il a, paraît-il, été très satisfait de mon travail. D'où cette invitation. »

Nina se sentait plutôt mal à l'aise au milieu de tous ces gens. Cependant, elle avait remarqué tout de suite un beau brun au teint basané. Il y a des êtres, on ne sait pourquoi, qui se détachent de la foule et se mettent en relief dans la trajectoire de votre regard. Discrètement, à plusieurs reprises, leurs yeux se sont caressés, elle se sent troublée, gênée par ses immenses yeux verts, ce regard profond et intense, tellement gênée qu'elle monte sur le pont pour respirer l'air du soir. Le ciel a tiré sur lui un manteau soyeux de satin noir, brillant de mille étoiles où la pleine lune s'étale, arrogante, majestueusement alanguie.

Elle est ainsi pensive, regardant ses rêveries flotter sur la mer, lorsqu'elle sent derrière elle un regard aimanté, elle se retourne, un invité l'observe ! Il quitte les gens qui l'entourent pour venir bavarder avec elle. Il a une voix si douce, si chaleureuse, qu'à son contact son malaise se dissipe. Elle s'émerveille de la beauté du yacht et lui avoue, avec sa spontanéité naturelle, que cette réception fastueuse l'ennuie un peu.

« Vous connaissez le prince ? lui demande-t-il?

– Pas du tout ! Je ne sais même pas comment il est physiquement, mais une chose est certaine, c'est qu'il ne doit pas être très heureux, malgré tant de richesses. Il doit être entouré d'ennemis, de jaloux et d'hypocrites, je suis sûre qu'il doit souhaiter dans son for intérieur être aimé pour lui-même. »

Il l'écoute attentivement, fasciné par sa beauté, ému par sa fraîcheur. Ils discutent un long moment ensemble, puis un homme vient lui glisser, en arabe, quelques mots à l'oreille. Il prend congé d'elle en lui disant :

« Veuillez m'excuser, on me demande, j'aimerais beaucoup vous revoir. À propos, j'ai oublié de me présenter. Je m'appelle Hassan, m'accorderiez-vous la faveur de déjeuner avec moi demain ? »

L'invitation est si courtoise que Nina ne peut

qu'accepter.

« À demain donc, 13 heures à *La Réserve de Beaulieu*. Je ne vous donne pas mon numéro de téléphone de peur que vous vous décommandiez. »

En la raccompagnant chez elle, Jean-Claude la taquine.

« Dis-moi, tu as fait une belle touche avec cet homme, j'aurais aimé être à ta place, c'est tout à fait mon type. Si tu entres dans son harem, demande-lui s'il n'aurait pas une petite place pour moi.

— Idiot.

— Non, je ne plaisante pas. Si c'est un cousin du prince, il doit avoir un harem pour tous les goûts.

— Un cousin du prince ! Pourquoi pas le prince lui-même ? Non, c'est un simple invité puisqu'il m'a demandé si je le connaissais. Donc tu vois, c'est râpé pour le harem.

— Dommage on se serait bien amusés tous les deux. En tout cas, il a craqué pour toi, tu as vu ses yeux ? Moi, j'aurais fondu illico. Et qu'est-ce qu'il te disait ?

— Il voulait m'emmener en voyage autour du monde.

— C'est ça. Et tu te retrouveras à Tanger. Et il faudra que j'aille te délivrer après.

— Non, je plaisantais. Il m'a posé des tas de questions, tout juste s'il ne m'a pas demandé mon curriculum vitae. Alors je me suis inventé une belle histoire bien sucrée, je lui ai raconté que mon père était le descendant d'une grande famille de la noblesse italienne, qu'il avait fait la connaissance de ma mère dans un musée à Florence...

– Pourquoi un musée ?

– Pourquoi pas ? Donc mes parents sont tombés amoureux fous l'un de l'autre, mais lorsque quelques mois plus tard ma mère se retrouve enceinte, le marquis disparaît. Une très belle Tropézienne mais de simple origine, il ne pouvait l'épouser. Ma mère est morte en me mettant au monde.

– Toi, au moins, tu as l'imagination fertile. Y a-t-il du vrai dans ton histoire ?

– Peut-être, dit-elle, évasive, maintenant je regrette de lui avoir raconté tout cela, je ne sais pas ce qu'il m'a pris.

– Comment s'est terminée votre discussion ?

– Il m'a invitée demain à déjeuner.

– C'est vrai ça ?

– Oui, il me l'a demandé avec beaucoup de délicatesse, en grand gentleman. Si cela avait été un dîner, j'aurais refusé, mais un déjeuner...

– Tu as bien fait d'accepter, beau comme il est, je trouve que vous allez bien ensemble.

– Je te remercie, mais ne commence pas à fantasmer sur nous, pour un simple déjeuner !

– Ça commence par un déjeuner et puis... »

Nina éprouve énormément de tendresse pour ce garçon, qui, sous sa désinvolture et son humour, cache des trésors de sensibilité. Plus que son confident, il est son complice, une sorte de grand frère, protecteur, souvent possessif et même jaloux quand des hommes qui ne lui plaisent pas approchent Nina.

C'est un architecte décorateur international de très

grand talent, un génie, paraît-il, malgré son jeune âge, la trentaine à peine. Il a, parmi ses relations, des célébrités, des personnalités de toutes sortes invitées dans toutes les réceptions mondaines.

« Tiens-moi au courant, lui dit-il en la déposant devant chez elle, j'attends la suite ! »

Le lendemain, elle va chercher un taxi à l'*Hôtel Négresco* sur la Croisette ! Elle demande au chasseur de lui trouver à tout prix une Mercedes : elle ne peut tout de même pas aller à *La Réserve de Beaulieu* avec le premier véhicule venu ! Tant qu'à faire puisque c'est le même prix ! Grâce à Jean-Paul, qu'elle n'a pas oublié, elle a gardé le goût du luxe, ses cadeaux, comme ce tailleur qu'elle porte aujourd'hui. Et la robe qu'elle portait hier soir, elle en prend grand soin. Elle sait qu'elle n'aura jamais les moyens de s'offrir d'aussi belles toilettes maintenant.

Le cœur battant, elle pénètre dans cet endroit merveilleux, où elle était venue avec Jean-Paul, lors de son week-end à Monte-Carlo.

Il est bien là, assis à la meilleure table, le maître d'hôtel et les garçons papillonnant autour de lui. À son arrivée, il se lève pour l'accueillir, le maître d'hôtel installe Nina avec déférence. Hassan la complimente sur son élégance, lui fait servir du champagne rosé bien glacé. L'utilisation des couverts et des différents verres n'inquiètent plus Nina. Jean-Paul a été pour elle non seulement un merveilleux amant, mais aussi un excellent professeur de savoir-vivre. Elle ne s'étonne plus de voir deux serveurs s'occuper d'eux, chacun apportant en même temps la grande assiette avec sa cloche en argent pour tenir les aliments au chaud. Avec le même geste élégant, le même rythme, les garçons soulèvent la cloche découvrant le plat qu'ils ont choisi. Ils sont aux petits soins avec eux, de même que le maître d'hôtel et le sommelier, un peu trop : pour l'intimité, c'était raté ! Heureusement, pense Nina, que je suis rodée, je n'ai plus la panique comme pour la première fois.

« J'aime votre sourire », dit Hassan en la regardant dans les yeux.

S'il savait à quoi je pense, il serait bien déçu, se dit Nina.

Après le somptueux chariot de desserts, le moment du café, suivi de délicieuses mignardises, est plus propice à la détente, les garçons, maître d'hôtel, sommelier s'étant éloignés de leur table ! Elle se retrouve enfin sur son nuage rose, sous le charme envoûtant de ce bel Oriental qui semble sorti des *Mille et Une Nuits*. Elle finit de boire son café, lorsque le maître d'hôtel s'approche d'Hassan et lui annonce solennellement :

« La voiture de Son Altesse est avancée. »

Nina sursaute, renverse, d'émotion, sa tasse, heureusement vide ! Elle regarde le prince avec des yeux immenses, remplis d'étonnement, légèrement teintés de reproches, il s'était bien moqué d'elle ! Malgré son sourire, celui-ci semble un peu gêné.

À la grande surprise de Nina, Hassan prend le volant

et l'invite à s'asseoir à côté de lui, tandis que le chauffeur s'installe sur la banquette arrière. Elle remarque que la Rolls est précédée par une voiture, et qu'une autre les suit, avec deux gardes du corps dans chacune. Plus tard, Hassan lui expliquera que son chauffeur se met toujours à côté de lui lorsqu'il conduit, ou à l'arrière s'il est accompagné, pour surveiller en cas de tentative d'assassinat !

Suffoquée, elle n'ose plus dire un mot. C'est en vain qu'Hassan essaie de renouer la conversation. En son for intérieur, il s'attriste : va-t-il la perdre à cause de son titre ?

Lorsqu'ils arrivent devant chez elle, le chauffeur lui ouvre la portière, casquette à la main. Le prince la retient un instant.

« Nina, je vous en prie, ne changez pas, vous êtes pour moi une bouffée d'oxygène, votre présence purifie mon atmosphère, restez telle que vous êtes, c'est ce qui m'attire en vous. Vous aviez raison sur le bateau. Je ne sais jamais si on m'aime pour moi-même ou pour ce que je représente. Avec vous, au moins, pendant quelques heures, je n'ai plus été un prince, mais simplement un homme. Et vous m'avez apprécié en tant que tel. J'ai une grande envie de vous revoir. Accepteriez-vous de dîner avec moi demain soir ? (Nina garde le silence, elle est trop troublée pour émettre ne serait-ce qu'un seul mot. Hassan sort alors une carte de visite, y inscrit un numéro de téléphone.) Voici ma ligne directe, on peut m'y joindre jour et nuit. J'attends votre réponse avec beaucoup d'espoir. »

Nina lui sourit, mais reste muette, elle est terriblement gênée. La voyante ! pense-t-elle soudain.

La concierge, derrière ses rideaux, admire la Rolls. En voyant passer Nina, qu'elle affectionne tout particulièrement, elle sort de sa loge et lui dit :

« Bonjour, mademoiselle, quelle belle voiture ! Après la Porsche, la Rolls Royce ! Je ne serais pas étonnée si un jour on m'annonce votre mariage avec un prince ! »

La suite ne déçoit pas la concierge puisque, une heure après, on livre à Nina, une somptueuse composition de fleurs brodée d'orchidées. Le chauffeur qui la porte a du mal à regarder devant lui, c'est la concierge qui, tout excitée, le guide dans l'escalier.

Malgré ses appréhensions, Nina ne résiste pas au charme du prince, elle lui téléphone, comme convenu, sur sa ligne rouge.

Au bout de quelques semaines de cour effrénée, voyant qu'elle continue à lui résister, qu'elle refuse les bijoux qu'il voudrait lui offrir, il l'emmène à Venise, coup de violon classique qui marche toujours. Éblouie, étourdie de mots d'amour, de promesses, de déclarations enflammées, Nina devient enfin sa maîtresse. Dans ses bras, sous ses caresses savantes, elle oublie Jean-Paul, ses déceptions, pour n'être plus qu'une amante éperdue de bonheur.

Son nuage rose se corolle cette fois-ci d'éclats de diamant bleu... Mais, sans qu'elle s'en rende bien compte, le prince des *Mille et Une Nuits* assoit peu à peu son emprise sur elle, la veut pour lui seul, à sa totale disposition. Elle est tellement amoureuse, tourbillonnant dans sa galaxie, qu'elle cède peu à peu à toutes ses exigences, malgré les mises en garde de Sophie et de Jean-Claude.

C'est ainsi qu'il lui fait abandonner ses études, quitter Nice pour l'installer à Paris, dans un somptueux appartement du XVIe arrondissement. Il paie à la propriétaire trois ans de loyer d'avance, pour que Nina n'ait aucune inquiétude en quoi que ce soit. Chaque mois, elle reçoit, par le cabinet d'affaires d'Hassan, un chèque assez substantiel, pour ses frais personnels, elle peut aller chez les plus grands couturiers se choisir les plus belles robes. Les hommes d'affaires d'Hassan ont des ordres, et le feu vert pour tous ses achats et combler tous ses désirs durant ses absences. Une voiture avec chauffeur est à sa disposition, mais elle préfère circuler dans sa propre voiture et être libre de ses mouvements. Elle a du mal à comprendre ce qui lui arrive. Quant à ses grands-parents, ils ne sont bien entendu au courant de rien. Son départ à Paris les ayant très surpris, elle a prétendu que cela valait mieux pour ses études, qu'elle logeait chez une vieille dame qui avait peur de rester seule dans son immense appartement, qu'elle était nourrie et logée gratuitement en échange de sa compagnie, et de quelques petits services. Si elle leur disait la vérité, ils le prendraient très mal et seraient terriblement choqués que leur Nina soit une fille entretenue ! Papinou en aurait une attaque !

Hassan s'absente très souvent de Paris, quelquefois même de longs mois, il retourne chez lui dans son pays pour régler ses affaires, mais il téléphone presque tous les jours à Nina, où qu'il soit.

Malgré la passion qu'il a pour elle, un fossé les sépare à cause de sa position, de ses mœurs, de ses coutumes et surtout de sa religion. Il ne lui dit pas que dans son pays il mène une autre vie, totalement différente, qui fait partie d'un autre monde, qu'elle ne peut même pas imaginer. Lorsqu'il est en Europe, il est complètement dédoublé ! Il possède chez lui un des plus beaux harems, où cohabitent quelques dizaines de jolies femmes qui lui ont donné beaucoup d'enfants...

Nina ne sait rien encore de tout cela. Elle respecte le mystère qui entoure l'homme qu'elle aime, ses absences répétées. Hassan apprécie sa discrétion, cela le change des problèmes et des criailleries qu'il doit subir de la part de ses quatre épouses légitimes et de ses concubines ! L'attitude de Nina ne fait que fortifier l'amour qu'il éprouve pour elle.

Lorsqu'il est à Paris il descend toujours dans une suite qu'il loue à l'année dans un grand hôtel avenue Montaigne. Nina l'y rejoint car il ne vient que très rarement chez elle. Par mesure de sécurité, lorsqu'il est à l'étranger, il n'habite qu'à l'hôtel où il loue des suites somptueuses, entouré par ses gardes du corps. Pourtant, il possède des maisons un peu partout, notamment ce somptueux hôtel particulier à Paris, qui se trouve dans l'une des plus belles avenues de la capitale. Les volets sont toujours clos, il y vient de temps en temps pour admirer ses œuvres d'art, ses collections de tableaux, etc. Et il ne prévient jamais les domestiques de son arrivée. Il débarque à l'improviste, toujours par sécurité !

Quant à Nina, elle est surveillée discrètement jour et nuit. Bien sûr, elle ne se doute de rien.

Un soir où elle n'arrive pas à trouver le sommeil, et où l'absence d'Hassan, encore une fois à l'étranger, lui pèse, elle va chercher dans la bibliothèque un bouquin pour meubler sa soirée de solitude. À ce moment, le téléphone sonne, c'est Sophie qui lui demande de ses nouvelles. Elle prend le combiné avec elle et s'assoit sur la moquette, le dos appuyé contre la bibliothèque. C'est alors qu'elle entend comme une sorte de crissement régulier tout près de son oreille. Un crissement qui ressemble à... Elle pense avoir deviné, mais n'ose y croire. Elle coupe la parole à Sophie.

« Je te rappelle. »

Et elle raccroche précipitamment. Aussitôt, le crissement cesse. Flûte alors ! comment en trouver la provenance ? Une idée jaillit : elle appelle l'horloge parlante. Et le crissement revient. Elle s'approche d'un des rayonnages, en retire les livres délicatement, trois par trois, les remettant au fur et à mesure. D'où peut provenir ce petit grincement odieux ? Elle finit par trouver une languette marron, couleur de bois, la tire et découvre, dans une petite trappe, la bête : un magnétophone miniature relié à une boîte noire, le relais probablement. Il doit se déclencher automatiquement à chaque appel ! Nina reste quelques instants médusée, regardant l'objet comme une bestiole répugnante. Elle n'ose y toucher, remet tout en place. La voix monotone de l'horloge parlante la tire de son hébétude. Furieuse, elle raccroche le combiné, court à sa chambre, enlève son déshabillé, enfile un jogging et sort pour aller rappeler Sophie de l'extérieur.

Dans la contre-allée déserte, elle croit apercevoir un homme dans une voiture garée non loin de là. Serait-ce un garde-chiourme ? Ou autre chose ? Elle panique, elle a l'impression d'être entourée d'espions, d'ennemis. Heureusement le bar-tabac du coin de la rue est encore ouvert. Elle entre dans la cabine téléphonique et compose le numéro de Sophie.

« Allô ! Sophie ? Excuse-moi pour tout à l'heure. J'en suis encore toute bouleversée.

– Que se passe-t-il ? »

Nina lui raconte sa découverte. Sophie est suffoquée.

« Tu crois qu'il a déjà entendu toutes nos conversations ?

– C'est fort possible. Enfin, il a la confirmation que je l'aime et que je ne le trompe pas !

– Quand même ! Cette sensation d'être écoutée est désagréable, même si tu n'as rien à te reprocher. C'est une atteinte à ta liberté.

– C'est vrai, c'est insupportable. Sur le moment, j'étais ivre de rage. Mais, après tout, s'il a fait cela c'est parce qu'il m'aime. Il veut connaître mes sentiments. Maintenant que je suis au courant, je vais lui clamer mon amour par personne interposée jusqu'à ce qu'il en rougisse de plaisir.

– Nina, fais attention ! Rappelle-toi ce que t'a dit la voyante.

– Ne t'inquiète pas, c'est vrai que jusqu'à présent elle m'a dit la vérité, c'en est même époustouflant ! La suite, j'en suis sûre, elle a dû broder. Tu sais à quoi je pense ? Lorsque Hassan a fait appel à une compagnie privée pour faire poser le téléphone dans mon appartement, il était venu me chercher pour aller déjeuner à Fontainebleau dans une auberge que j'adore, il avait même laissé un de ses gardes du corps pour surveiller les travaux. J'avais rappelé cet installateur car le système était tellement sophistiqué que je voulais avoir plus d'explications. Cet homme était très sympathique, mais excessivement bavard. À plusieurs reprises, il m'a parlé des hommes jaloux qui font monter un système d'écoute téléphonique chez leurs femmes et leurs maîtresses. Il devait m'avoir à la bonne, mais je n'ai pas compris le message. Tu vois donc que ça doit être assez courant.

– Peut-être mais je trouve qu'il exagère. C'est révoltant. On peut s'attendre au pire avec un homme qui utilise de tels procédés.

– Il m'a donné le meilleur jusqu'à présent. C'est vrai qu'il est d'un tempérament méfiant, jaloux et très possessif.

– Mais...

– Non, n'épiloguons pas là-dessus, je rentre chez moi, et je te rappelle comme si de rien n'était. »

Quand Hassan rentre de voyage, elle est comme à l'accoutumée tendre et câline, pas un reproche ne sort de ses lèvres. Pour le moment, la balle est dans son camp. Il couvre Nina de cadeaux pour se faire pardonner ses longues absences. Un jour il l'emmène rue de la Paix pour lui offrir une rivière de diamants avec les boucles d'oreilles assorties. Devant la vendeuse étonnée, Nina murmure :

« C'est trop beau pour moi, c'est de la folie, je préfère...

– Tu préfères ?

– Je préfère un studio pour le même prix », lui dit-elle à l'oreille.

Hassan blêmit, son visage se durcit. Quand il offre un bijou à Nina, il se fait plaisir à lui. C'est pour la parer lorsqu'il la sort. L'exhiber comme un joyau, ça le flatte. Il a ainsi le plaisir des yeux. Tandis qu'un studio..., c'est une manifestation d'indépendance ! Nina s'aperçoit qu'elle a gaffé en voyant sa tête. Elle essaie de se rattraper.

« Cette rivière est trop belle pour moi, je ne sais si je la mérite. »

Il se tourne vers la vendeuse.

« Je prends aussi le bracelet assorti. »

Nina croise le regard de l'employée. Elle devine ses pensées : refuser une rivière de diamants à ce prix-là, on croit rêver ! Mais la vendeuse ne peut pas comprendre que Nina a peur du lendemain : tout ce luxe peut s'écrouler pour elle du jour au lendemain. L'immobilier prend de la valeur tandis que les bijoux... En général, ils restent dans des coffres à la banque, et, si un jour on doit les revendre pour avoir des liquidités, on vous en offre une misère par rapport à leur prix d'achat !

Pour le moment, Nina est prise dans le tourbillon de l'amour et du luxe, comme si son destin l'accrochait aux étoiles. Pourtant, elle n'a pas vraiment choisi cette voie. Au fond d'elle-même, elle a peur, peur pour son avenir, il n'y a pas eu dans sa vie, jusqu'à présent, quelque chose de concret, de solide, de stable. Tout est sublime, digne d'un conte de fées, mais éphémère. Avec Jean-Paul, elle s'est brûlée aux flammes de l'amour. Elles se sont très vite consumées, mais la braise qui rongeait son cœur a été plus longue à s'éteindre. Pour Hassan, elle éprouve un autre amour, totalement différent, moins fou, plus craintif, elle n'ose se laisser aller avec lui, il étouffe sa personnalité, son naturel, sa joie de vivre. Bien qu'il soit très prévenant, attentionné, elle a l'impression d'être à ses yeux un bel objet que l'on aime exposer, regarder, toucher, parer. Avec lui, elle n'existe pas, elle paraît ! Sois belle et tais-toi, je te couvre de bijoux, de fourrure, je t'offre les plus beaux voyages, cela doit suffire à ton bonheur.

Ses grands-parents lui manquent, Sophie lui manque, son village, les odeurs de printemps dans la garrigue, un rayon de soleil qui traverse la branche de mimosa et éclaire sa fenêtre dans le midi en réveillant ses matins.

Paris est beau ? Paris est fascinant mais terriblement stressant et superficiel, elle se sent perdue dans cette grande ville. Heureusement, il y a sa nouvelle et grande amie Lotus, qu'elle a connue dès son arrivée à Paris chez des amis d'Hassan. Lotus est la petite amie de Karim, le cousin d'Hassan, ancien *top model* d'une beauté époustouflante, grande, élancée, un port de reine, une classe folle, de longs cheveux noirs, d'immenses yeux bridés, une bouche sensuelle délicatement ourlée, un corps de déesse. Mais c'est son intelligence et aussi sa sagesse qui fascinent surtout Nina. Elles s'entendent merveilleusement bien, ont les mêmes goûts, les mêmes idées. En l'absence d'Hassan, Lotus s'occupe d'elle comme d'une petite sœur, l'emmène dans les vernissages, et l'introduit dans la jet-society. Mais dès qu'Hassan arrive, elle disparaît, toujours discrète, ne voulant pas la gêner. Elle sait qu'Hassan est très possessif, qu'il veut Nina totalement à sa disposition. Quand il est là, Nina est prise dans une tornade, il l'emmène en jet privé dans ses déplacements, ne lui laisse pas une minute de libre. Il ne fait aucun planning, tout est organisé à la dernière minute. Ils partent souvent sur la Côte car il éprouve une véritable passion pour la mer, les bateaux de course : d'ailleurs, il en possède plusieurs qu'il pilote lui-même, le capitaine étant là seulement pour superviser les petites besognes. Chaque année, il attend avec impatience la Nioulargue de Saint-Tropez. Il a demandé à Nina si elle aimerait passer son permis bateau. Nina, ravie, a accepté. Tant qu'à faire, elle a passé aussi le permis rivière où elle est fière de lire : certificat de capacité. Capitaine-mécanicien de bateaux à propulsion mécanique ! Elle peut avec ce permis conduire une péniche !

Comme il aime également être aux commandes d'un avion, elle prend des cours de pilotage sur un Jodel pour débuter, mais refuse de passer l'examen : elle a une peur bleue de se retrouver seule au-dessus des nuages. Lorsque son moniteur lui a dit qu'elle était très douée et prête à voler toute seule, elle a complètement paniqué et arrêté ses cours, mais, quelque temps plus tard, elle apprenait à piloter un hélicoptère. Tout cela pour être à la hauteur d'Hassan, lui complaire, ne pas se sentir objet de luxe. Et il est vrai que son amant est fier d'elle, même s'il ne manifeste pas tellement sa satisfaction. Ce qui l'épate chez cette gamine, c'est sa faculté d'adaptation et son courage. Sous sa féminité, il y a une force qui la pousse jusqu'au bout de ses passions, mais elle connaît instinctivement les limites de ses folies. Ce qu'il ignore, c'est qu'elle étudie l'arabe ! Ça, c'est son secret, et personne dans l'entourage d'Hassan n'est au courant, même pas Lotus. Elle se dit qu'un jour il l'emmènera dans son pays et qu'alors il aura la surprise de sa vie.

Lui, pour se faire pardonner ses longues absences, lui a offert pour son anniversaire une broche qu'elle avait remarquée chez Garland, rue de la Paix : une libellule en émail translucide, sertie de diamants, avec un cœur de saphir.

« Bon anniversaire, mon amour », dit-il en accrochant la broche à son tailleur.

Cette soirée restera dans sa mémoire comme un de ses derniers bons souvenirs. Car, subitement, Hassan se met à changer, elle le voit devenir soucieux, préoccupé, nerveux, absorber des calmants. Jusqu'au jour où il lui annonce qu'il doit rentrer d'urgence dans son pays pour quelque temps, alors qu'il venait à peine d'arriver. Immédiatement, elle pense qu'il ne l'aime plus, qu'il a une autre femme dans sa vie, et que, par scrupule, il ne sait comment lui annoncer sa décision de rompre.

Le jour de son départ, il la regarde bizarrement et la serre très fort dans ses bras, la gardant un long moment contre lui, geste de déchirement, comme un adieu.

Nina appelle Lotus au téléphone, celle-ci la rejoint immédiatement, Nina se confie, avoue ses craintes. Lotus essaie de l'apaiser, mais en vain, lui conseille d'aller se reposer auprès de ses grands-parents à Saint-Tropez. Elle-même va voir sa famille à Bangkok puisque Karim part également, il ne lui a rien caché, mais, comme elle l'aime follement, elle subit son destin et garde son secret vis-à-vis de son amie.

C'est la raison pour laquelle Nina se trouvait chez ses grands-parents lorsque Peter est arrivé à Saint-Tropez. Grâce à cet Américain, elle a passé des vacances rafraîchissantes embaumées d'amour, nettement plus positives que toute cette richesse matérielle, à l'abri des mondanités grinçantes et superficielles ! Pourtant, ces vacances forcées s'annonçaient au départ catastrophique ! Quelquefois, le destin joue des tours invraisemblables, on a l'impression d'être manipulé par quelque chose d'invisible, c'est vrai qu'elle ne s'attendait pas à vivre un nouvel amour en si peu de temps, un amour aussi pur et poétique.

Les paroles de la voyante lui reviennent en mémoire :
« Je vois trois hommes qui vont marquer votre vie. »
Trois hommes et trois grands amours ! Aussi exceptionnels et pourtant différents. Elle qui croyait qu'on n'avait qu'un seul grand amour dans sa vie ! Est-elle spéciale ? Elle vit des rêves sublimes qui se terminent toujours en queue de poisson ! Pourquoi ? Oui, pourquoi ?
Le lendemain, elle se réveille avec un mal de tête épouvantable. Pas étonnant, elle a passé sa longue nuit sans sommeil à revivre ces histoires d'amour qui brûlent encore son cœur fragile.

C'est avec un pincement au cœur et une angoisse oppressante qu'elle retrouve Paris. Les soucis qu'elle a laissés à la porte de ses vacances sont là, malheureusement fidèles au poste, ils ont même fait beaucoup de petits. Elle s'inquiète pour son avenir, décide de reprendre ses études de droit. Demain, elle ira s'inscrire à la fac de Nanterre, en espérant qu'il y aura de la place !

Elle téléphone à Lotus pour la prévenir de son arrivée, celle-ci va passer la prendre à 21 heures pour l'emmener au restaurant.

Au cours du dîner, Lotus explique à Nina qu'Hassan et Karim ont d'énormes problèmes dans leur pays, que leur présence est capitale auprès du roi, ils craignent un coup d'État, c'est la raison pour laquelle ils restent auprès de la famille royale et ne peuvent s'absenter trop longtemps loin de leur pays en ébullition.

« D'ailleurs, maintenant qu'Hassan sait que tu es de retour, qu'il va pouvoir te joindre au téléphone, il est rassuré. Il tient beaucoup à toi, tu sais, il souffre de cette séparation, il craint que tu ne te lasses. Il a voulu garder le silence sur les événements dramatiques qui se trament dans son pays, mais, étant donné que la nouvelle commence à filtrer dans les médias, il préfère que tu sois au courant. Sache qu'il court de graves dangers s'il reste trop longtemps absent de chez lui. »

Tout se bouscule dans la tête de Nina. Elle est soulagée d'apprendre qu'Hassan l'aime toujours, qu'il ne l'a pas oubliée, mais d'un autre côté elle s'inquiète pour lui, pour sa vie. Dans ces pays, lorsqu'il y a des troubles, tous les coups sont permis. C'est la loi du plus fort, on se poignarde allègrement dans le dos le plus souvent pour assouvir une vengeance personnelle sous prétexte de patriotisme. L'être humain en général, qu'il soit blanc, noir, jaune ou basané, est foncièrement mauvais et jaloux, prêt à dévorer l'autre, c'est ainsi depuis la nuit des temps. Ici ou là, sa sauvagerie est dissimulée sous une ou plusieurs couches de ce qu'on appelle la civilisation, mais il suffit de peu pour qu'elle jaillisse à nouveau. Il n'est que de voir les hommes au volant : un froissement d'ailes, un dépassement, une 2 CV qui ne roule pas assez vite, et le vernis craque. Alors quand la haine s'en mêle... Les hommes sont fous ! Et un jour on sautera tous à cause d'un excité qui appuiera sur un simple bouton rouge.

« À quoi penses-tu, Nina, tu es toute songeuse ?

– Je pense que le monde entier est dingue, tu écoutes la radio, tu regardes les infos à la télé, c'est l'horreur partout, dans tous les domaines. Le monde est fou, je te dis, et, un jour, avec leurs saletés chimiques, leurs engins de plus en plus sophistiqués, ils vont réussir à polluer entièrement la planète, tuer la vie et nous avec !

– Toi alors ! On ne peut pas dire que tes vacances t'ont rendue optimiste.

– Tu n'as qu'à regarder les yeux d'un homme politique lorsqu'il reçoit un chef d'État d'un pays voisin ou d'ailleurs, leurs regards sont complices, ils se sourient, se serrent la main, tout juste s'ils ne s'appellent pas par leur prénom, et, quelque temps plus tard, ils sont fâchés et se bombardent ! Je n'ai pas raison ? »

Lotus éclate de rire.

« Je suis de ton avis, c'est pour cela qu'il faut vivre intensément le peu de bonheur que la vie nous donne

au compte-gouttes car on ne sait jamais ce qui adviendra demain. Mais si on parlait d'autre chose, nous sommes lugubres ce soir, et Dieu sait si cela ne nous ressemble pas ! Demain, je t'emmène dîner chez des amis très sympathiques, je leur ai parlé de toi, ils ont envie de te connaître, je compte sur toi ?
– Avec plaisir, cela me changera les idées. »

Ce que Nina cache à son amie, c'est qu'elle a donné son numéro de téléphone à un bel Américain rencontré sur la Côte. Elle était tellement persuadée qu'Hassan ne reviendrait jamais ! Elle résout facilement une partie du problème en faisant installer, par une autre compagnie privée, un système de dérivation qui court-circuite complètement celui d'Hassan. Ainsi, le magnétophone dissimulé dans la bibliothèque n'enregistre que les conversations qu'elle veut bien laisser passer. Sur le moment, elle a eu un peu honte, mais, après tout, Hassan est le premier coupable pour ne pas lui avoir fait confiance.

Depuis qu'elle est rentrée à Paris, celui-ci l'appelle pratiquement tous les soirs, il fait même de courtes apparitions. Nina profite de ses absences pour travailler ses cours par correspondance, elle s'investit complètement pour obtenir de bons résultats, c'est cela son but. Elle pense de moins en moins à Peter dont les coups de téléphone s'espacent de plus en plus. Heureusement qu'Hassan est là, périodiquement, pour réchauffer son cœur et son corps car, pour son équilibre, elle a besoin d'exister en tant que femme, d'aimer et d'être aimée. Elle apprend cette évidence que, lorsqu'un être est amoureux, il rayonne et rajeunit, s'il est payé en retour bien sûr, sinon il s'éteint, se ternit, se consume lentement dans la tristesse et la grisaille de son cœur. Elle apprend que l'amour est à double face, d'un côté le bonheur absolu, de l'autre la douleur la plus cruelle, puis, avec le temps, se glisse entre les deux la tendresse.

Elle aime profondément Hassan, mais jamais il ne lui apportera l'équilibre qu'elle recherche : le mariage, des enfants, la chaleur d'un foyer. Avec Peter elle aurait pu avoir cette vie rêvée, elle en est sûre. Mais voilà, il vit au bout du monde et il ne lui a jamais rien promis ! Aussi s'est-elle arrangée pour que leurs conversations au téléphone évoluent vers la tendresse. Peut-être est-ce pour cela que Peter se manifeste de moins en moins. Elle en conçoit par moments un peu d'amertume, tout en se disant que c'est très bien ainsi.

L'hiver file à une rapidité incroyable. Plongée dans ses études et ses occupations, elle n'a pas vu le temps passer. Au printemps, elle a repris des leçons de pilotage et continue toujours ses cours d'arabe. Elle espère ne pas tomber, un jour, amoureuse d'un Japonais, car là, ça lui prendrait la tête, perfectionniste comme elle est !
Mai arrive. Elle attend avec impatience le milieu du

mois car les 16, 17 et 18 on fête la Bravade dans son village, et pour rien au monde elle ne voudrait manquer cela. Ces jours-là, le cœur de tous les Tropéziens est en fête, on sort les costumes traditionnels, on les bichonne, et toute la ville est décorée de rouge et de blanc.

Cela lui fera du bien de retrouver les siens, la mer, le soleil, d'entendre chanter le printemps dans son village et dans ses campagnes, de se nettoyer de la grisaille de Paris, de s'éclairer le cœur avec les couleurs de son Midi.

À cette idée, son moral remonte, elle en avait besoin car de nouveau Hassan a disparu. Lorsqu'elle interroge Lotus, celle-ci ne sait que lui répondre. Cette fois-ci, il n'a plus l'excuse du danger qui guette son pays puisque, d'après le journal télévisé, les événements ont l'air de s'être arrangés. Il faut qu'elle se fasse une raison, cette situation n'est plus supportable, elle se trouve dans une impasse dorée et elle doit trouver rapidement une issue.

Après la Bravade, lorsqu'elle remonte à Paris, détendue et bien bronzée, elle reçoit un coup de téléphone de Lotus, qui lui demande de venir la rejoindre de toute urgence.

Nina trouve son amie très préoccupée, les traits tirés, mystérieuse. Pourquoi ordonne-t-elle à son maître d'hôtel, après qu'il leur a servi le thé, de prendre les communications, et de ne les déranger sous aucun prétexte ? Que va-t-elle encore lui annoncer !

« Nina, Hassan a de gros ennuis...

– Encore ! Mais j'ai cru entendre à la télé...

– Écoute, je ne peux t'en dire plus, seulement cette fois-ci, c'est une affaire personnelle très grave. »

Nina essaie d'en savoir davantage, mais Lotus reste de marbre, apparemment Karim lui a fait la leçon. Elle lui indique seulement l'heure où elle peut joindre Hassan, c'est-à-dire ce soir minuit et lui donne un numéro de téléphone qu'elle demande de détruire après en avoir pris connaissance. Que signifie ce mystère ? Décidément, la vie princière est loin d'être de tout repos !

Le soir même, allongée sur son lit le cœur battant, elle attend impatiemment en fixant des yeux le téléphone les minutes qui la rapprochent de minuit. Connaîtra-t-elle enfin alors la vérité sur son long silence ?

À minuit pile, d'une main tremblante elle compose le numéro, quelqu'un décroche sans un mot, elle entend un souffle dans l'appareil, porté par un lourd silence pesant.

« C'est moi, dit doucement Nina, en étouffant, de la main, sa voix, comme si dans la pièce où elle se trouve quelqu'un pourrait l'entendre.

– Mon amour, quel bonheur de t'entendre, tu m'as terriblement manqué, j'ai cru devenir fou de ne pas te voir.

– Pourquoi ce silence ? »

La voix d'Hassan tremble d'émotion, il lui dit qu'il l'aime, qu'il a dû se cacher car il a de graves ennuis, que sa vie est en danger. Elle peut le rejoindre demain soir à Monte-Carlo, à l'*Hôtel de Paris*. Là, elle devra demander la chambre de M. Dorian et s'annoncer sous le nom de Mlle Lutecia Parigi. Il lui dit de prendre l'avion de 20 h 15 puis un taxi car il ne peut, pour des raisons de sécurité, lui envoyer un chauffeur.

« À demain, mon amour, n'oublie pas ! M. Dorian, Mlle Lutecia Parigi. »

Il raccroche. Nina reste incrédule, que cachent tous ces mystères ?

Son cœur bat très fort lorsqu'elle pénètre dans cet hôtel somptueux où tant de souvenirs lui reviennent en mémoire. Elle se dirige vers la réception et suit à la lettre toutes les instructions d'Hassan. Le concierge décroche le téléphone intérieur et, après avoir reçu le feu vert, il lui indique l'étage et le numéro de la chambre. Il fait signe au bagagiste d'aider Nina à porter son sac, ce qu'elle refuse avec un sourire de dénégation : il est si léger !

À l'étage, elle croise un des gardes du corps d'Hassan qui lui adresse un bonjour très discret : un simple regard. Puis il va frapper à une porte : un coup, deux coups, un coup. Probablement un signal convenu.

Hassan ouvre immédiatement, il la prend dans ses bras, la couvre de baisers, la supplie, avant toute autre chose, de ne lui poser aucune question. Il lui déclare qu'il l'aime comme un fou, qu'il ne peut vivre sans elle, que cette longue absence obligée a renforcé davantage son amour, et qu'il en a terriblement souffert. Il doit rester caché pendant un certain temps, c'est la raison pour laquelle il s'entoure de mystère, et, comme il ne peut l'emmener dîner au restaurant, il a commandé un souper dans la chambre, les rideaux sont tirés. Nina se dirige vers la fenêtre pour les ouvrir, Hassan l'en empêche.

« Non, Nina ! Il ne faut pas qu'on te voie, on ne sait jamais. »

Elle le regarde, étonnée, est-il devenu fou ? Il n'est pas roi dans son pays, à ce qu'elle sache ! Que pourrait-il craindre, lui ? Elle n'insiste pas, puisqu'il lui a demandé de ne pas poser de question, et va dans la salle de bains se rafraîchir du voyage. On gratte à la porte. Hassan demande qui est-ce, reconnaît la voix de son garde du corps qui lui annonce que le dîner arrive. Le garçon d'étage entre avec une table roulante joliment dressée et copieusement garnie d'un somptueux repas froid, caviar avec blinis, langouste mayonnaise, champagne rosé. Tout au long du repas, Hassan simule l'entrain, mais des nuages assombrissent sans cesse ses yeux. Puis il appelle ses gardes du corps pour leur donner congé jusqu'au lendemain 11 heures. Les gorilles s'éclipsent en ayant pris soin de sortir la table roulante dans le couloir. Hassan accroche sur la porte l'écriteau : *Ne pas déranger*, ainsi que la fiche du petit déjeuner complet et l'heure du réveil, 10 h 30. Il referme soigneusement la porte, tel un gosse qui va s'offrir une belle récréation. Ils passent une de leurs plus belles nuits d'amour. Mais il y a quelque chose de désespéré dans la fureur de leurs étreintes.

Le lendemain matin, malgré les rideaux tirés, un rayon de soleil taquin réussit à venir caresser le visage de Nina. Elle se réveille, étonnée de se retrouver dans une chambre inconnue. Le visage d'Hassan endormi auprès d'elle l'attendrit, elle le regarde quelques instants dormir. Il est si beau dans son sommeil ! Il se réveille à son tour, regarde Nina, comme ébloui, la prend dans ses bras, se serre contre elle, le désir l'envahit. Soudain, on frappe à la porte. Instinctivement, Nina se précipite dans la salle de bains et s'enroule dans un peignoir. Hassan ne répond pas, on frappe à nouveau. Nina remarque qu'il y a une fenêtre dans la salle de bains qui donne sur la terrasse. Cela la rassure, elle ne sait pourquoi. Hassan demande enfin :

« Qui est-ce ?

– C'est le service du petit déjeuner, monsieur.

– Un instant, s'il vous plaît. »

Il met en hâte sa robe de chambre, ouvre la porte. Aussitôt trois hommes pénètrent dans la chambre, revolver au poing. Nina, terrorisée, assiste, par l'entrebâillement de la porte, à la scène. Elle se met à trembler de la tête aux pieds, un tremblement qu'elle ne peut dominer. Elle voit un revolver pointé sur la tempe d'Hassan, qu'on somme, en arabe, de rester tranquille : un geste de lui et c'est un homme mort. Hassan, blême, ne dit pas un mot. Les trois hommes sont très bruns, leurs visages sont gonflés de haine, leurs regards d'acier lancent des éclairs venus de l'enfer, leurs voix sont très dures mais très basses. Nina tend l'oreille davantage pour saisir quelques bribes de cette conversation en arabe, elle se sent défaillir lorsqu'elle entend un des terroristes exiger la complicité d'Hassan afin qu'il leur prête un bateau rapide pour faire sauter le port de Saint-Tropez ! C'est le seul qui puisse les aider, sinon...

Nina est terrifiée, prend toute la mesure de la détermination des terroristes. Elle se précipite à la fenêtre, l'enjambe, renverse une tablette, saute sur la terrasse. Heureusement que celle-ci communique avec les autres. Seul un simple muret les sépare. Elle court, affolée, consciente que les agresseurs d'Hassan n'ont pas pu ne pas entendre le bruit qu'elle a fait dans la salle de bains. Elle a juste le temps de se retrouver sur la terrasse voisine où, par bonheur, la chambre est ouverte. Un homme chauve, d'une soixantaine d'années, allongé sur son lit, feuillette tranquillement son journal. Elle se précipite dans son lit avant qu'il ait pu réaliser quoi que ce soit, se serre contre lui et lui glisse à l'oreille :

« Ne bougez pas, je vous en supplie, je suis en danger, faites semblant de m'embrasser. »

Le pauvre homme, complètement abasourdi, s'exécute. Sauvée de justesse car un des terroristes entre dans la chambre et, voyant un couple enlacé, s'excuse et repart aussitôt.

Nina repousse le bonhomme gentiment. Il ne comprend pas ce qui lui arrive. Cette jolie fille qui lui tombe du ciel ! Comme réveil, c'est réussi. Il lui propose de lui commander un petit déjeuner. Oh ! non, non, réplique-t-elle, et lui montrant son plateau :

« Je vois qu'il vous reste un peu de café, cela me convient car je le prends toujours presque froid. »

Elle va dans la salle de bains rincer la tasse, elle se regarde dans la glace, elle est livide, elle a la nausée, une barre terrible coince son estomac, c'est nerveux, mais il y a de quoi ! Elle ne sait que faire. Prévenir la police ? Il est 10 h 15, et les gardes du corps n'arrivent qu'à 11 heures. Le bonhomme essaie de savoir en quoi consiste ce danger qu'elle court.

« C'est trop compliqué. »

Elle lui demande d'être gentil, de ne lui poser aucune question. Lui, au fond, est ravi. Veuf depuis quatre ans, il mène une vie assez triste, ce petit piment inattendu ne lui déplaît pas du tout, bien au contraire. Pour une fois depuis bien longtemps, il peut se rendre utile à quelque chose.

Au bout d'un moment, son café terminé, Nina se décide à composer le numéro de la chambre. Hassan décroche.

« Allô !

– S'il vous plaît, monsieur, Mlle Lutecia peut monter vous voir ?

– Oui, oui.

– Chéri, c'est moi, murmure-t-elle, je peux revenir ?

– Oui, oui, reviens, ils sont partis, fais quand même attention qu'on ne te voie pas. »

Nina remercie son hôte forcé et repasse par la terrasse pour rejoindre Hassan. Le visage de celui-ci est décomposé. On frappe de nouveau à la porte, Nina se précipite dans la salle de bains, mais, cette fois-ci, c'est bien le service du petit déjeuner.

Hassan, assis sur le canapé, ne dit pas un mot, les yeux rivés au plafond, les bras derrière la nuque. Nina respecte son silence et lui sert une tasse de thé avec un nuage de lait comme il aime, sans un mot elle lui tartine ses toasts. Ils déjeunent en silence, encore bouleversés.

Lorsqu'il termine sa tasse de thé, il prend la main de Nina, la porte à ses lèvres et lui dit en la regardant droit dans les yeux :

« Mon amour, pardon de t'avoir fait courir ce risque, c'était plus fort que moi, j'avais une trop grande envie de te voir. Je ne pensais pas qu'ils me trouveraient si vite. J'espère qu'ils ne t'ont pas vue. Où étais-tu cachée ?

– Chez le voisin, à côté. Il a été très gentil, il a cru que c'était une histoire de jalousie. Mais qui sont ces gens qui te menacent et veulent tes bateaux rapides pour provoquer un attentat ? »

Hassan, encore sous l'effet de l'émotion, ne réalise pas tout de suite qu'elle a compris leur conversation en arabe. Il l'attire dans ses bras :

« Amour, ces hommes sont de redoutables terroristes. Ils veulent se servir de moi et de mes bateaux rapides pour pouvoir commettre un attentat spectaculaire et faire sauter un port.

– Pourquoi tes bateaux ? Ne peuvent-ils pas en louer ?

– C'est impossible pour eux ! Une vérification immédiate serait effectuée car ces bateaux rapides doivent être immatriculés, avoir un pavillon. La police de la côte craint ce genre d'attentat, sa surveillance est permanente, incessante. Elle est très stricte là-dessus. Je ne peux pas t'expliquer maintenant, ce serait trop long et surtout trop compliqué pour toi. Je regrette beaucoup que tu aies assisté à cette scène !

– Mais pourquoi toi spécialement ?

– Parce que ce sont des compatriotes, et que je possède ces engins rapides. De plus, je suis prince, donc la police ne se méfie pas de mes bateaux. Je suis une proie rêvée pour ces gens. Ils sont capables de tout pour aller jusqu'au bout de leurs objectifs ; pour eux, je n'ai pas le choix : ils menacent de renverser le régime de mon pays, déjà très fragile étant donné les derniers événements, de provoquer une guerre civile.

– Que comptes-tu faire ? Quelles sont tes intentions ?

– Je ne sais pas encore. Quel que soit mon choix, il provoquera un massacre, soit dans mon pays, soit dans le tien. Je suis écartelé. C'est une monstrueuse responsabilité qui s'abat sur moi. »

Assise sur le canapé à côté de lui, elle le regarde bizarrement, une sensation étrange coule en elle, un léger malaise se glisse entre eux, comme un fossé qui se creuserait de plus en plus. Elle éprouve pour son village un amour démesuré, profond, possessif, passionné. À lui seul, il contient toutes les beautés du monde, et il sait tout vous donner quand vous savez le regarder ! Il est magique. Et le sort de ce petit village de pêcheurs, constamment assiégé depuis la nuit des temps, est entre les mains de l'homme qu'elle aime. Quelle cruauté du sort ! Il doit choisir entre son pays et le port où elle est née. Elle se sent prise de vertige, d'horribles angoisses compriment son cœur, ses yeux affolés lancent des flammes bleues. Elle lui demande brutalement :

« C'est mon Saint-Tropez qu'ils veulent faire sauter, n'est-ce pas ?

– Oui, c'est un endroit idéal pour des terroristes à l'affût d'attentats spectaculaires ; c'est le plus petit port, en superficie, de toute la Côte, mais il regorge de milliardaires internationaux, de stars, de bateaux parmi les plus prestigieux et de touristes. Tu te rends compte, cette foule énorme, vouée à la mort ? S'ils réussissent leur coup, ils attireraient ainsi l'attention du monde entier ! »

Elle frissonne d'horreur, ses mains se crispent. Maintenant, c'est la nausée qui commence à l'envahir.

« Mon Dieu ! C'est affreux ! Il faut faire quelque chose, prévenir Interpol, le 2ᵉ Bureau ?

– Nina, calme-toi. Ils ne peuvent rien sans moi. Si tu te manifestes en quoi que ce soit, il y va de ta vie, de celle de ta famille, ces gens-là ne plaisantent pas. Ils ne feront rien encore, ce n'est pas la pleine saison. J'ai tout juste un mois devant moi pour me retourner. Ils doivent reprendre contact avec moi prochainement. Ils ne vont pas me lâcher. »

Il reste un moment silencieux, prend sa main dans la sienne et la porte à ses lèvres après l'avoir caressée avec tendresse.

« Dans cette horreur, ce qui m'inquiète le plus, c'est

toi. Je sais l'amour que tu as pour ton village, je ne voudrais pas que tu agisses de manière inconsidérée et qu'on te fasse du mal. Je ne le supporterais pas. Ils m'ont demandé qui était la fille dans la salle de bains. Je leur ai répondu que tu étais une cover-girl qui m'a été envoyée par un ami pour passer la nuit avec moi. Qu'ils n'avaient aucune inquiétude à avoir puisque tu ne comprenais pas l'arabe. Pardonne-moi d'avoir terni ton image de marque. De toute façon, ils n'ont, heureusement, pas vu ton visage. (Puis, tout à coup, il se souvient :) Mais, dis-moi, j'y pense maintenant, comment as-tu intercepté notre conversation ? Tu comprends l'arabe ? »

Doit-elle lui révéler la vérité ? Étant donné les circonstances, elle se dit qu'il est préférable de garder le secret. On ne sait jamais. Cela pourrait peut-être lui servir. Elle sourit tristement :

« J'ai entendu Saint-Tropez et j'ai vu le revolver braqué sur ta tempe. »

Hassan n'insiste pas. Ce n'est pas le moment !

« Téléphone à cet homme qui t'a sauvé la mise. Il peut te rendre encore un service et te conduire à un taxi, car je ne veux pas que l'on te voie sortir seule de l'hôtel.

Nina compose le numéro de la chambre qu'elle a relevé tout à l'heure sur le cadran du téléphone en appelant Hassan. L'homme est d'accord, il l'attend. Elle range en toute hâte ses affaires, prend une douche rapide. Hassan lui prodigue d'ultimes recommandations en l'embrassant.

« Ne parle à personne de ce que tu as entendu. Tu

me promets, Nina ? À personne, et sois prudente. Je t'appellerai dès que possible. »

Elle repasse par la terrasse, comme tout à l'heure, rejoindre le bonhomme chauve.

Il est tout guilleret de la revoir ; cette situation l'émoustille et donne un divertissement inhabituel à sa vie monotone, à tel point que, pour lui plaire, il s'est aspergé d'une bonne partie de son eau de toilette. Avec son odeur, pense Nina, nous ne passerons pas inaperçus. On pourrait nous suivre à la trace. Il reste très discret et pousse la galanterie jusqu'à la déposer à l'héliport avec sa propre voiture et à lui prendre son billet. Elle sort son chéquier pour payer, mais il stoppe net.

« C'est moi qui vous l'offre. Acceptez, faites-moi plaisir.

– Mais...

– Ce n'est rien par rapport au bonheur que j'ai eu de vous connaître, vous avez ensoleillé mon réveil et rajeuni mes pensées. Puis-je savoir votre prénom ?

– Nina. »

Il lui tend sa carte de visite.

« Tenez, au cas où vous auriez encore besoin de mes services. Le rêve est gratuit, n'est-ce pas ? »

Nina le trouve touchant. Elle le remercie chaleureusement, lui fait tout naturellement la bise et le quitte pour prendre son hélicoptère qui décolle dans deux minutes pour Nice.

Le brave homme reste cloué sur place dans le hall, regarde tristement l'hélicoptère s'élever dans le ciel et disparaître.

Dans l'avion qui la ramène à Paris, les angoisses viennent comme d'immenses vagues l'inonder et l'étouffer. Tout se bouscule en elle si fort que la migraine lui tient désagréablement compagnie. Hassan, Jean-Paul, Peter, ces trois visages flashent devant ses yeux comme des diapositives, déclenchent dans son cœur une houle qui s'ajoute à la nausée provoquée par l'avion. Il traverse une zone de turbulences comme sa propre vie à elle ! Elle pense à la voyante, essaie de se rappeler la suite de ses prédictions, qu'elle avait refoulées volontairement.

Dans son malheur, elle a eu une chance inouïe d'être là lorsque les terroristes sont venus. Est-ce un signe du destin ? Peut-être Dieu l'a-t-elle désignée pour sauver son village ? C'était une idée ingénieuse d'avoir appris l'arabe. Hassan, c'est sûr, aurait gardé le secret si elle n'avait pas été témoin. Pauvre Saint-Tropez, la célébrité n'est pas toujours évidente à assumer, et elle, petite Tropézienne, comment va-t-elle faire face, seule, au terrorisme, sans l'aide de la police ? Si elle allait voir cet inspecteur qu'elle connaît très bien ? Elle a beaucoup d'estime pour lui. Il la recevrait certes très gentiment, l'écouterait avec beaucoup d'attention. Sur son beau visage d'acteur, un léger sourire moqueur se dessinerait sur ses lèvres. Il ne la croirait pas, mais c'est un homme bien élevé. Il lui dirait, pour la calmer, qu'il va s'en occuper. Non, il faut qu'elle trouve une autre solution. Dans sa tête, tout à coup, jaillit une idée géniale. Comment n'y avait-elle pas pensé avant ! Tony, mais oui, un des marins qui s'occupe des bateaux d'Hassan. Elle a confiance en lui. Tony est un vrai Tropézien de souche. Il ferait n'importe quoi pour son village, à condition que ce soit positif car il est très entier dans ses positions. Derrière son apparence moqueuse, grinçante quelquefois, se cache une grande sensibilité et un cœur immense pour aimer ses amis. Toujours prêt à rendre service, intelligent, rusé, très sûr, il connaît mieux que personne la Côte et son petit port. Très bon bricoleur, plongeur professionnel, les bateaux et la mer n'ont pas de secret pour lui. Grand bavard, il a toujours des histoires invraisemblables à raconter, mais il sait être une tombe lorsqu'il s'agit de garder un secret. Son arme capitale à lui, c'est le courage. Pour Nina, c'est l'homme qu'il lui faut !

À cette idée, ses angoisses se calment un peu, elle va enfin pouvoir les partager avec quelqu'un qui est tropézien comme elle, qui éprouve les mêmes sentiments. Tous deux ont le même langage et le même amour de leur Saint-Tropez.

Après avoir déposé ses affaires chez elle et pris une douche, elle décide d'aller au cimetière de Montmartre déposer une rose sur la tombe de son « maître à penser ». Dans l'épreuve qu'elle traverse, elle a besoin de son soutien. Par-delà la mort, il continue à l'aider. Elle le sait.

Elle venait le voir régulièrement toutes les semaines avant sa disparition brutale. C'est grâce à Lotus qu'elle avait obtenu un rendez-vous avec lui. Dès sa première visite, par des paroles magiques, il avait enrayé son début de dépression. Elle n'a jamais dit à Lotus qu'elle le voyait toujours, c'était son jardin secret. Ses séances lui apportaient beaucoup, l'enrichissaient. Il la conseillait, l'aidait, l'encourageait, et, lorsqu'elle montrait de la faiblesse, il se montrait dur, autoritaire, cinglant de vérité, lui qui n'était qu'amour. Il lui disait qu'il fallait lutter contre le masochisme primaire qui est le fléau de la nature humaine, ne pas s'enraciner dans le dessèchement de la pensée. Que la vie quotidienne est et sera toujours problème, que les difficultés prouvent une chose essentielle, c'est qu'on est vivant ; seuls les morts n'en ont pas !

Lors de sa dernière séance avec elle, il était déjà très malade et il avait ajouté :

« Tu peux tout faire, Nina, tout, si tel est ton désir. Sois créative, inventive, dirige-toi toujours vers la verticalité, en regardant la lumière. »

Aujourd'hui, s'il avait été là, il l'aurait aidée, conseillée. C'est la raison pour laquelle elle éprouve un besoin vital d'aller se recueillir sur cette tombe que sa femme a inventée pour lui, surprenante, saisissante, comme un cri de douleur et d'amour. Refusant sa mort, elle le fait vivre dans la pierre par un hologramme.

C'est tout ce qu'il aurait aimé car, pour lui, elle a osé ! Faire ça dans un cimetière, c'est du courage, et beaucoup, beaucoup d'amour.

Elle ressent un grand vide en elle, elle a le

« manque » de lui, alors qu'il lui interdisait de vivre de ses manques. Elle n'arrive pas à admettre qu'il est mort, c'est trop injuste, elle a tellement besoin de lui. Pourquoi lui ? Pourquoi Dieu fait-il mourir des êtres merveilleux, exceptionnels, en laissant vivre des monstres ? Oui pourquoi ?

Recueillie devant sa tombe, le visage ruisselant de larmes, elle sent sa présence, comme s'il lui envoyait des ondes positives. Ses écrits lui reviennent en mémoire :

« La seule façon de célébrer quelqu'un, c'est d'être dans l'état dans lequel il aimerait vous voir. C'est quelque chose comme une transmission que vous lui devez, quel que soit votre chagrin. Ayez le courage de montrer de vous-même une face heureuse, il mérite plus que des petites larmes versées.

« Faites cette opération de deuil très vite, ce sera la meilleure façon de l'honorer et de montrer que vous l'aimez, autrement, c'est complètement narcissique. Chacun ici a des raisons terrestres, petites, égotistes d'être malheureux et d'avoir des souffrances. Passez très vite.

« Je pense que tous les ennuis ne sont pas graves, y compris les ennuis les plus horribles, la maladie et la mort. Ce n'est pas du tout du fatalisme, il faut lutter, et je crois que la lutte est amusante. Mais en même temps, dans cette lutte, il faut avoir une vacance intérieure. »

Elle est plongée dans ses émotions, lorsqu'une dame arrive dans l'allée, en parlant assez fort, accompagnée d'un homme, manifestement un fleuriste ou un jardinier privé. Nina est furieuse, comment ose-t-elle troubler le silence dans un endroit pareil ! Elle espère que cette mégère s'arrêtera loin d'elle.

Malheureusement, la dame se retrouve deux allées derrière elle. Le verbe toujours aussi fort, elle s'adresse au jardinier.

« Si vous saviez comme mon mari était merveilleux ! Je lui ai apporté une rose rouge comme il les aimait. Elle regarde la tombe de son mari, tout à coup intriguée.

– Votre maison est sérieuse ! La tombe est vraiment très bien fleurie ! Je vous félicite !

– C'est-à-dire..., dit le jardinier très gêné, ce n'est pas nous.

– Comment ce n'est pas vous ?

– Les jardinières, c'est nous, mais les pots de fleurs, c'est votre fille, elle vient presque toutes les semaines sur la tombe de votre mari.

– Ma fille ? Mais je n'ai pas de fille ! Je n'ai que des garçons, et ils sont célibataires !

– C'est peut-être quelqu'un de votre famille, bredouille le brave homme.

– Mais je n'ai pas de famille à Paris ! Ils sont tous à Avignon.

– Je vais chercher de l'eau... » répond-il, très embarrassé.

Nina, cachée par une tombe, se retourne discrètement pour voir la réaction de la femme devant de telles révélations, elle ne va pas être déçue. Celle-ci ne l'a pas vue. Elle lui tourne le dos.

Les mains sur les hanches, elle regarde en silence la photo de son mari, Nina devine, à son attitude, que le regard qu'elle lui lance doit le bombarder où qu'il soit... et l'atteindre comme un missile. Ivre de rage, elle s'écrie :

« Mon salaud ! Quel salaud tu es ! Cela fait sept ans que tu es mort, et j'apprends seulement aujourd'hui devant ta tombe, ta tombe que je fleuris par l'intermédiaire d'un jardinier, qui me coûte une fortune, que je suis cocue ! Et moi qui ne m'en suis jamais rendu compte ! Tu ne t'embêtais pas ! En plus tu as pris une minette puisqu'il croit que c'est ma fille ! »

Elle déverse ainsi, à haute voix, un chapelet de reproches, l'engueule si fort que le jardinier hésite à revenir.

Nina, malgré sa peine, a du mal à retenir un fou rire. C'est peut-être son médecin qui lui offre, pour la remercier d'être venue le voir, une petite récréation, histoire de lui changer les idées. La furie s'adresse au jardinier :

« Dites-moi, vous venez de m'apprendre que je suis cocue, enfin que j'étais cocue. Moi qui suis romancière, j'étais même à court d'idées, je n'aurais jamais imaginé qu'en venant ici, spécialement d'Avignon, j'allais trouver sur la tombe de mon mari le thème de mon prochain roman, et que j'en serais le personnage principal ! Vous devez en voir des choses ici ?

– Plus qu'on ne peut le croire. C'est très souvent même que les morts se font engueuler ! »

La dame, furieuse et déchirée, abandonne la tombe, non sans avoir repris, auparavant, la rose qu'elle venait de déposer.

Le soir même, Nina, épuisée par toutes ses émotions qui la brisent, se couche tôt sans dîner et sombre dans un profond sommeil. En pleine nuit, elle entend vaguement sonner le téléphone. Elle n'a pas la force, ni le courage de répondre, mais, la sonnerie ne cessant pas, elle décroche maladroitement, renverse l'appareil, coupant ainsi la communication, éclaire, remet le combiné en place, éteint la lumière et essaie de se rendormir. La sonnerie retentit à nouveau, lugubre dans le noir. Elle décroche.
« Allô !
– Bonsoir, c'est moi », dit une voix pâteuse.
Elle reconnaît Jean-Paul. Manifestement, il est ivre.
« Je te dérange ?
– Non, non, c'est-à-dire, je dormais, quelle heure est-il ?
– 2 heures.
– Pourquoi m'appelles-tu si tard ?
– J'ai envie de toi, je peux venir maintenant ?
– Tu es fou ! Je suis fatiguée ! Je dors et je t'ai déjà dit que tout était fini entre nous.
– Je viens. J'ai à te parler !
– Pas question, je ne t'ouvrirai pas ! Demain, si tu veux, on peut déjeuner ensemble, mais cette nuit je dors. J'ai le moral à zéro, des problèmes par-dessus la tête, alors sois gentil, laisse-moi dormir. À demain midi d'accord ? »

Il insiste, menace. Elle lui raccroche au nez et parvient à se rendormir. Lorsque, à nouveau, la sonnerie la réveille, elle hésite : serait-ce Hassan cette fois ?

« Allô ! répond-elle dans le noir.

– C'est encore moi. Je voulais te dire que j'ai le sida. »

Elle fait un bond, se retrouve assise sur son lit, allume la lumière.

« Quoi, que dis-tu ?

– J'ai le sida !

– Et tu le savais lorsqu'on a fait l'amour la dernière fois ?

– Non. Enfin je suis séropositif depuis deux ans.

– Quoi ? Et tu ne me l'as pas dit !

– Je ne le savais pas, je viens seulement de faire un test.

– Tu racontes n'importe quoi. Je ne te crois pas, tu es trop prudent et tu avais trop peur de cette maladie pour ne pas prendre de précautions. Tu dis cela pour m'effrayer, c'est bien ton genre !

– Si, je t'assure, j'ai attrapé le sida avec un mannequin, oui, c'est ça, avec un mannequin. Elle était si sexy, bien plus que toi d'ailleurs, que je n'ai fait attention à rien. (Elle l'écoute, pétrifiée d'horreur. Tout brûle en elle. Ivre de rage, elle hurle.)

– Ça ne m'étonne pas, vous, les hommes, du moment qu'une jolie fille a la minijupe au ras du bonheur, vous perdez la tête. Vous oubliez de vous protéger et vous venez après contaminer votre femme ou votre maîtresse !

– Au ras de quoi ?

– Au ras du bonheur ! Mais pour toi aujourd'hui c'est le malheur !

– Tiens, je ne connaissais pas cette expression. Elle me plaît beaucoup, dit-il en se marrant. Allez, bonsoir. »

Le sida ! Il a le sida ! Le salaud, l'ordure. Elle est couverte d'un voile de sueur, elle se précipite dans la salle de bains pour chercher un calmant dans l'armoire à pharmacie. Le départ de Peter, Hassan, Saint-Tropez en danger, et maintenant le sida ! Un cauchemar, elle en est sûre, ne contient pas un tel déferlement d'abominations. Il faut avant tout qu'elle se calme, vite, avaler ce comprimé. Elle étouffe, son estomac se tord. Elle soulève sa nuisette pour se regarder dans la glace. Elle n'a pas le corps d'une malade, ni même le visage. En un an, elle aurait eu des malaises quand même. Les questions se bousculent dans sa tête, elle essaie de se raisonner : il m'a dit cela pour me terroriser. Il appelle pour venir me faire l'amour. Devant mon refus, il se venge en disant qu'il a le sida. C'est un peu énorme quand même. Elle se tourne, se retourne dans son lit, martyrisant son oreiller, mais le sommeil la fuit. Elle sent la vie lui mordre sadiquement le cœur, peut-être même le corps. Folle d'angoisse et de terreur, elle appelle Jean-Paul, c'est occupé. Elle rappelle quelques instants après, il a mis son répondeur. Elle le supplie de répondre, de ne pas la laisser dans cette angoisse. Mais il garde le silence, probablement très satisfait de l'effet produit.

Elle n'arrive pas à rester au lit, elle tourne en rond dans son appartement, elle sent vraiment la folie l'atteindre, elle aimerait se confier à quelqu'un, mais à qui ? Surtout à cette heure-ci ? Pas question d'en parler à Lotus. Si Jean-Paul dit vrai, elle a contaminé Peter, Hassan. Mon Dieu, l'horreur ! Elle est prise de malaise, de vomissements d'autant plus atroces qu'elle n'a rien dans le ventre. À 4 heures, le téléphone sonne à nouveau. Elle se précipite pour décrocher.

« Allô !

– C'est encore moi. J'ai... J'ai eu ton... ton message. Tu ne dors pas ?

– Jean-Paul, je t'en supplie, dis-moi la vérité. Est-ce vrai ce que tu m'as raconté tout à l'heure ?

– Que j'ai le... le sida ? Oui, bien sûr, et après ?

– Je ne te crois pas, tu dis cela pour te venger car je ne veux plus de toi. Tu n'aurais pas ce ton, si c'était vrai.

– Crois ce que tu veux !

– Mais j'ai peur, peur de mourir de cette maladie, et toi, tu n'as pas peur ?

– De quoi ? Je n'ai pas le sida, moi. »

Nina se rend compte que, dans son ivresse, il prend un malin plaisir à ce jeu morbide. Elle raccroche et coupe la ligne de son téléphone.

Dans son cœur comme dans ses yeux roule un flot de larmes brûlantes, corrodant ses blessures intérieures. Elle finit par s'endormir au petit matin en sombrant dans les ténèbres des cauchemars. L'un d'eux, abominable, la réveille brutalement à 7 heures, comme un coup de fouet.

Plongée dans le désarroi, recroquevillée sur elle-même, elle se demande tout à coup si elle n'a pas rêvé sa conversation avec Jean-Paul. Malheureusement, les minutes qui passent lui rendent sa lucidité, la confrontent à la réalité. Elle réfléchit froidement. Une chose est presque certaine. Il ment à 90 %. S'il avait été contaminé, il aurait agi différemment. De toute façon, la décision de Nina est prise, elle va affronter la vérité avec courage, plutôt que de rester dans l'incertitude. Elle appelle, dès 8 heures, un laboratoire, au hasard. Une femme lui répond qu'ils ne pratiquent pas ce genre de test et la dirige ailleurs. Elle compose le numéro indiqué.

« Quand voulez-vous venir ? lui demande-t-on.

– Tout de suite, est-ce possible ?

– Oui, si vous êtes à jeun. »

Nina appelle un taxi et fonce au laboratoire, elle tremble, d'énormes cernes marquent son visage. Une laborantine la reçoit :

« Avez-vous une ordonnance ?

– Non, il en faut une ?

– Pas spécialement, suivez-moi. »

Elle la fait entrer dans une pièce. Tout en effectuant le prélèvement de sang, elle lui demande :

« C'est vous qui avez pris cette initiative ?

– Oui. Mon ex-ami m'a annoncé cette nuit, à 2 heures, qu'il avait le sida. Je pense, le connaissant, qu'il a dit cela pour m'effrayer. C'est une sorte de vengeance sordide, mais je préfère en avoir le cœur net.

– Vous avez raison. Désirez-vous que nous fassions les deux tests ?

– Les deux tests ?

– Le HIV 1 et le 2.

– Oh, oui ! Faites-moi les deux, je préfère. »

La femme la regarde, attendrie, elle pourrait être sa fille. Dire que cela pourrait arriver à mon enfant, ne peut-elle s'empêcher de penser.

« Vous êtes bien bronzée !

– Je reviens de la Côte. Dans combien de temps aurai-je les résultats ?

– Ils seront prêts demain soir à moins d'une complication. »

Nina blêmit. En sortant du laboratoire, elle titube et entre dans le premier bar-tabac pour prendre un café. Elle se sent défaillir. Elle va commencer à compter les heures, les minutes qui la séparent soit de la vie, soit de la mort. Sa décision est prise, si elle est séropositive, elle se tue, elle avalera un tube de barbituriques, suivi d'un verre d'alcool, il paraît que c'est radical. Auparavant, elle téléphonera à Peter et à Hassan pour leur dire la vérité. À cette idée, tout vacille autour d'elle, elle perd connaissance.

Lorsqu'elle revient à elle, des visages inquiets l'entourent. Elle se relève, honteuse d'avoir provoqué cet attroupement. Le médecin arrive quelques instants après, prend sa tension et lui donne un comprimé de vitamines à croquer : rien de grave, une simple et brutale chute de tension.

Elle rentre chez elle, vidée, sans forces. Elle se sent comme paralysée intérieurement. Elle attend 11 heures pour appeler Jean-Paul. Il aura cuvé son alcool, peut-être lui avouera-t-il enfin la vérité.

Elle passe une des journées les plus longues et les plus horribles de sa vie. Jean-Paul a branché son répondeur et, malgré ses messages, ne la rappelle pas. Il est inhumain, pense-t-elle. Elle qui ne prend jamais, ou presque, de médicaments avale à nouveau des calmants assez forts pour endormir ces vagues d'angoisse qui la submergent sans arrêt. Le lendemain soir, à 18 heures, elle se rend en taxi au laboratoire. Cette fois-ci, elle demande au chauffeur de l'attendre. À la réception, on lui remet sans un mot l'enveloppe avec les résultats. Elle sort aussitôt, tel un zombi. L'enveloppe lui brûle les mains, elle n'ose pas l'ouvrir, monte complètement hagarde dans le taxi qui la dépose quelques instants après chez elle.

Allongée sur son lit, tout habillée, elle ouvre, toujours tremblante, l'enveloppe, NÉGATIF N° 1, NÉGATIF N° 2. Elle pleure de joie, embrasse le feuillet, le serre sur sa poitrine en pensant que le bonheur, c'est l'absence de douleurs. Elle a eu la plus grande frayeur, mais il lui fallait affronter la vérité, aussi cruelle soit-elle. Si elle n'en avait pas eu le courage, elle aurait vécu dans l'horreur d'une crainte perpétuelle. Elle a, durant ces dernières quarante-huit heures tout prévu. Lettres au 2^e

Bureau, à Tony le pêcheur, à Peter et à Hassan. Lettre d'adieu. Elle pense à l'épouvante qui doit étreindre ceux qui découvrent leur séropositivité. Vivement que la médecine trouve le vaccin miracle qui enrayera cette maladie qui punit l'amour ! Elle se sent plus légère, plus forte, libérée d'un poids atroce. Quant à Jean-Paul, le désir contrarié qu'il a eu d'elle a dû le vexer, blesser son orgueil, lui faire perdre la raison. Il sait qu'il a perdu Nina et ne le supporte pas.

C'est seulement vers 20 heures qu'il appelle pour lui présenter ses excuses et lui avouer qu'il n'avait pas le sida, que son mensonge était le seul moyen qu'il avait trouvé pour la toucher.

« D'ailleurs, ajoute-t-il, je peux t'en donner la preuve : je fais des tests régulièrement alors même que je me protège au maximum, et le dernier date d'il y a trois jours !

– Je le sais, répond-elle, je suis allée dans un labo, les deux tests sont négatifs.

– Tu es déjà allée dans un labo ?

– Bien sûr ! Tu me prends pour qui ? Une idiote qui allait m'inquiéter pendant des jours ? J'étais sûre que tu mentais, mais il me fallait aller jusqu'au bout pour tuer ma peur. »

Il ricane au téléphone.

« Tu es très forte !

– Non, je suis courageuse.

– Je te demande pardon. Ton refus, l'autre soir, m'a

rendu fou. Oublions tout ça.

– Comment oublier ? Tu as été ignoble, tu m'as glacée jusqu'au plus profond de moi-même. Me réveiller en pleine nuit pour m'annoncer ce genre de canular morbide ! Au fond de toi doit sommeiller un monstre, tu me fais peur.

– Je te comprends, je n'ai aucune excuse, j'ai perdu la tête, je souffrais trop de ton absence. Je dois partir quelque temps à l'étranger. Peut-être à mon retour m'auras-tu pardonné ? Tu sais, je n'ai jamais cessé de t'aimer, de penser à toi. Ce sont les circonstances, les affaires aussi. On aurait pu vivre de belles années ensemble. »

Sa voix est douce, calme, elle a la gorge serrée, elle l'a tellement aimé !

Il raccroche tristement en lui souhaitant tout le bonheur du monde. Pour Nina, une page de son passé vient de se tourner définitivement en griffant sauvagement son cœur.

Après cette conversation avec Jean-Paul, Nina se rend dans une cabine téléphonique (on ne sait jamais !) et prend immédiatement contact avec Tony le pêcheur. Celui-ci est très surpris de l'entendre. Elle lui explique à mi-mot la situation et lui demande de surveiller attentivement tous les mouvements des bateaux dans le port, les allées et venues, et surtout de garder le plus grand secret sur cette affaire. Elle va descendre dans quelques jours, après ses examens, mais s'il a besoin d'elle qu'il n'hésite pas, elle prendra le premier avion pour le rejoindre. Un code est fixé : bleu, s'il n'y a rien de spécial, vert s'il y a un petit doute. Gris : ça bouge, noir : danger. La pleine saison commence en juillet, elle ne pense pas qu'ils fassent leur coup avant. Mais il faut se préparer à tout.

« Tu peux compter sur moi, Nina, et n'oublie pas notre devise ancestrale : *ad usque fidelis* (fidèle jusqu'au bout).

– Merci, et que notre saint soit avec nous et nous protège. »

Tony la tient régulièrement au courant. Jusqu'ici rien ne bouge, tout est très calme, mieux encore, les bateaux rapides d'Hassan sont toujours au chantier, il n'a pas encore donné l'ordre de les mettre à l'eau. Grâce au soutien de Tony, Nina se sent beaucoup plus forte et courageuse, prête à tout, même au pire. Elle travaille avec acharnement pour oublier la douleur qui la ronge, et ses efforts sont couronnés de succès puisqu'elle réussit brillamment ses examens.

Par deux fois elle voit Hassan, grâce à la complicité de Lotus, qui habite près de Paris un ravissant manoir, loué pour elle par Karim. Elle va le rejoindre l'avant-veille de son départ pour Saint-Tropez. Toute la soirée, il lui fait des recommandations et lui demande de dire à sa concierge qu'elle part en vacances aux Antilles pour brouiller les pistes car l'argent délie souvent les langues. Lotus seule sera, comme d'habitude, leur boîte aux lettres.

Oubliant de fermer les rideaux, ils passent leur belle nuit de miel, sous le regard des étoiles qui éclairent leurs étreintes, et se perdent dans les délires de l'amour. Hassan est fou de cette gamine qui fleurit ses quarante ans. Son regard de jade se fonce à l'ombre de ses cils, à l'idée de la perdre un jour. Ses mains nerveuses s'enivrent de plaisir à caresser ce corps parfait, à voguer sur le parfum de sa peau. Ses lèvres brûlantes parcourent ses courbes satinées pour s'arrêter avec délices sur son soyeux triangle doré, lui arrachant frissons et gémissements. Ils s'imprègnent de cette nuit voluptueuse, où la folie est reine et les drogue. Ils ne sont plus eux, ils sont seulement l'amour.

Lorsque, au petit matin, elle le quitte, il dort d'un profond sommeil. Doucement, elle pose un baiser sur ses lèvres. Il soulève ses paupières, croit voir dans le regard de Nina le couchant et l'aurore, et lui murmure tendrement :

« Au revoir, mon amour, sois prudente. » Il se rendort aussitôt. Dans son sommeil, il garde l'image de sa bien-aimée...

Dehors, l'aurore grelottante a revêtu sa robe gris perle pour accueillir dame pluie. Nina s'engouffre en frissonnant dans sa voiture et démarre en direction de Paris. Elle allume le chauffage pour combattre l'humidité qui la pénètre et la radio pour qu'elle lui tienne compagnie. Elle se remémore cette nuit d'amour, tellement passionnée qu'elle ressemblait à un adieu. Tous ces malheurs qui la griffent lui font pressentir mille dangers où la mort guette de ses yeux glacés. En traversant les villages, elle observe les passants du petit matin. Ils ressemblent à ce ciel pluvieux, leurs prunelles sont trempées de tristesse, ils sont couverts de froids tissus et portent péniblement sur leurs épaules leur manteau de misère, de miasmes. Certains doivent téter leur douleur comme un nourrisson le sein de sa mère, d'autres s'abreuvent de pleurs. Le bonheur est absent de leurs visages, peut-être est-ce la grisaille qui les rend ainsi. Nina sent la révolte monter en elle : pourquoi y a-t-il des gens aussi malheureux sur terre, pourquoi Dieu ne les aide-t-il pas ? Il y a ainsi des jours de tristesse où le regard se voile de noir. Nina rentre chez elle complètement déprimée. Elle en a marre de recevoir chaque jour les factures de son bonheur. Pourtant, si la vie lui avait demandé de signer les devis de ces deux dernières années, elle l'aurait fait. Elle ne regrette rien, elle a vécu ce qu'il y a de plus beau au monde, peu de jeunes filles ont eu sa chance. Ces trois grands amours lui ont permis d'exister en tant que femme. Si l'addition est lourde aujourd'hui, elle paiera jusqu'au bout !

Dans son courrier une lettre de France-Télécom lui communique son nouveau numéro de téléphone qu'elle donnera à Lotus et à ses amis un peu plus tard. Elle a hâte de retrouver son village, sa famille, de prendre un bain de fraîcheur dans son Midi, parfumé de pins et de lavande.

Elle prend le train-auto couchettes car elle n'a pas la force de parcourir neuf cents kilomètres de ruban d'autoroute ! Un soleil écrasant l'accueille à la gare Saint-Raphaël. Elle a dormi d'un sommeil de plomb durant tout le voyage et, maintenant, elle attend sagement, assise sur la terrasse de la gare en prenant son petit déjeuner, pendant que des employés sortent les voitures du convoi et les conduisent dans le parking ouvert, sous les yeux attentifs des vacanciers. Ceux-ci attendent impatiemment de pouvoir les récupérer car pour eux les grandes vacances commencent dès maintenant. Étant donné l'heure matinale, ils ont largement le temps d'aller déjeuner sur la plage et de faire rougir leurs visages blafards.

Nina aime prendre le train-auto, arriver en pleine forme, parcourir la route de la Côte pour être en compagnie de la mer. Lorsqu'on vient d'un Paris-grisaille, c'est merveilleux. Elle respire à pleins poumons l'air de la mer que sillonnent déjà les bateaux. Des petits voiliers çà et là, au loin, se laissent bercer par le roulis. Les pêcheurs sur leurs barques immobiles attendent sagement les poissons.

Ah ! C'est bon de se retrouver chez soi, dans son pays, pense Nina, et, lorsqu'elle aborde le deuxième virage du Treizain, son cœur se serre en voyant jaillir son Saint-Tropez. Des picotements dans ses yeux trahissent son émotion. Le soleil jette sur la mer des milliers de feux diamantés. Au loin, un voile de chaleur baigne Sainte-Maxime.

Dans Saint-Tropez, elle retrouve, sur les visages détendus et bronzés des gens du Midi, les sourires et l'accent qui chante. C'est jour de marché, les couffins sont remplis de légumes et de fleurs, les pipelettes au coin des rues s'en donnent à cœur joie. Nina sent un doux bonheur l'envahir. Sur la petite route qui la conduit chez elle, elle baisse les vitres pour laisser pénétrer le soleil et s'imprégner de toutes ces bonnes odeurs qui la saluent au passage. Les cigales l'accueillent et réchauffent par leur chant son cœur gercé de soucis.

Papinou, comme d'habitude, la guette sur la route. Lorsqu'elle l'aperçoit, son éternelle casquette sur la tête, des larmes jaillissent de ses yeux, et des sanglots sortent de sa gorge qu'elle n'arrive pas à retenir.

Elle s'arrête près de lui, ouvre la portière côté passager. Papinou s'engouffre à l'intérieur de la voiture et la serre dans ses bras. Il s'étonne :

« Pourquoi pleures-tu, ma Nina ? Pourquoi ce gros chagrin ?

– Papinou, mon Papinou, c'est affreux, dit-elle en sanglotant.

– Mais parle-moi, Nina, qu'est-ce qui se passe ? »

Elle s'arrête sur le bord de la route et lui révèle tout sur le complot des terroristes et sa relation avec le prince. Papinou, livide, l'écoute en silence. Ses mains posées sur ses genoux tremblent légèrement.

« Ne pleure pas, ma poupée, je suis près de toi maintenant, il ne t'arrivera rien, ni à toi ni à notre village. On en a vu d'autres, nous, les Tropéziens, et nos ancêtres aussi ! Tu as bien fait de m'en parler et de confier cette affaire à Tony. C'est un garçon très sûr et de toute confiance qui va nous être très utile. Il ne faut surtout pas en parler à Yvette. On va prendre contact avec Tony ensemble et se mettre vite au travail. Les vacanciers commencent à arriver, les gros bateaux bourrés de milliardaires aussi ! Allez, démarre maintenant, Yvette va s'inquiéter de notre retard. »

Il sort de sa poche un mouchoir plié en quatre, bien repassé et parfumé comme d'habitude à la lavande, le tend à Nina.

« Tiens, sèche ces vilaines larmes qui rougissent tes yeux et accroche un beau sourire à tes lèvres pour effacer ta tristesse. Sinon, Yvette va te poser des tas de questions. Il faut que tu sois très forte, ma Nina, on a une grande bataille à gagner ! »

Les jours suivants à plusieurs reprises, en faisant ses courses, Nina a une sensation bizarre, comme si elle était suivie par moments. Tony et Papinou ont monté un réseau d'une dizaine de personnes sûres, qui se relaient pour surveiller le port. Ils forment entre eux une chaîne solide, murée de silence. Ils tiennent Nina à l'écart, la sous-estimant à cause de son jeune âge ! Pour Papinou, elle est son bébé, il oublie qu'elle a grandi, mûri, et qu'elle est une vraie femme maintenant. Seul Tony sait d'instinct qu'elle va jouer un rôle très important dans cette sale affaire. Il lui fait confiance car pour avoir réussi comme cela, en si peu de temps, il faut que son intelligence soit à la hauteur de son physique !

Ce jour-là, il est 11 h 45 lorsque Nina revient du marché avec la Méhari. Elle avait été surprise à l'aller de remarquer des panneaux de signalisation, indiquant de ralentir à cause des travaux. Il est bizarre, le maire, pense Nina, pourquoi faire ces travaux l'été, au moment où les vacanciers arrivent ?

L'hiver aurait mieux convenu. Elle s'était même arrêtée, curieuse, pour demander à un ouvrier :

« Dites-moi, vous en avez pour longtemps.

– Trois jours au plus...

– Quelle idée d'effectuer ces travaux maintenant !

– On a reçu des ordres. »

Lorsque le même homme avec le bob blanc sur la tête lui fait signe de s'arrêter, à son retour, elle n'est donc pas étonnée. Elle lui trouve même une bonne bouille sympathique.

« La route est coupée pour aller chez vous. Il faut dévier par la pinède, venez, je vais vous montrer le chemin. »

Il tient dans sa main un talkie-walkie avec lequel il prévient les ouvriers qui travaillent plus loin de laisser passer une voiture. Nina roule très doucement à côté de lui sans méfiance aucune, en se laissant tout naturellement diriger. Une question la préoccupe toutefois, comment se fait-il qu'il sache qu'elle habite par ici, alors qu'elle vient tout juste d'arriver ? « La route est coupée pour aller chez vous », a-t-il dit. C'est bizarre ! Mais qu'importe ! Le temps est sublime, elle est fière de son bronzage mis en valeur par un bustier immaculé. Tout à coup, elle sursaute, éblouie par le soleil, elle croit rêver ! Trois hommes armés, cagoule sur le visage, lui ordonnent de s'arrêter et de descendre de voiture. Elle regarde, ahurie, le petit bonhomme à la bouille sympathique et l'interroge du regard. Il lui dit d'une voix sèche :

« Descends, fais ce qu'on te demande. »

Nina obéit. Elle connaît très bien cette pinède, elle sait que l'écho y est très fort. Aussi se met-elle à hurler, espérant être entendue par quelqu'un. Les terroristes surpris échangent un bref regard affolé. L'un d'entre eux bondit sur elle et lui braque un revolver sur la tempe :

« Un cri de plus, et tu es morte ! »

Nina se calme immédiatement. Elle n'a pas le choix. On lui bande aussitôt les yeux, on lui met les mains derrière le dos et on lui passe des menottes.

« Où est le prince ? lui demande-t-on.

– Quel prince ?

– Ne joue pas à l'idiote, ou ça va aller mal pour toi. Si tu coopères, on ne te fera aucune misère, sinon...

– Je ne sais pas où il est, il y a longtemps que je n'ai plus de ses nouvelles.

– Très bien, on trouvera le moyen de te faire parler, fais-nous confiance. »

Un des terroristes s'adresse en arabe à ses acolytes.

« Bon, je sens qu'elle est plus têtue qu'un chameau. On va l'embarquer dans le coffre de la voiture.

– Elle va étouffer avec cette chaleur.

– J'ai tout prévu. J'ai percé un trou pour qu'elle puisse respirer jusqu'à notre arrivée. (Puis, s'adressant en français à Nina :) Où est la carte grise de ta voiture ?

– Je l'ai oubliée à la maison.

– Tu te fous de nous ?

– Pas du tout, regardez dans mon couffin, dans la boîte à gants, sur moi, pourquoi mentirais-je ? » répond-elle calmement.

Elle ne sait pourquoi, cette carte grise bouleverse leur plan. On lui colle un sparadrap sur la bouche. On la conduit à quelques mètres de là. Elle entend le bruit d'une bâche qu'on enlève. Celle qui devait dissimuler leur véhicule puisqu'on dépose Nina dans ce qui est manifestement un coffre de voiture, qu'on laisse ouvert. Grâce à ses leçons d'arabe, elle comprend toute la conversation. Ils devaient la guetter depuis son arrivée, c'est vrai qu'elle était rarement seule. À l'idée que Papinou et Yvette ne risquaient rien, elle se sent soulagée dans son malheur.

Apparemment, il doit y avoir un gros problème car ils sont en train de se disputer. Ils sont trop loin d'elle pour qu'elle comprenne leur conversation. Sa carte grise est le grain de sable qui enraie leur machine, mais elle n'arrive toujours pas à comprendre pourquoi.

Recroquevillée dans le coffre de la voiture elle commence à saliver pour essayer de décoller ce sparadrap sur sa bouche. Ça marche ! Maintenant, elle s'attaque au bandeau sur ses yeux en frottant sa tête de bas en haut sur la paroi du coffre pour donner du jeu. Malheureusement, un terroriste surprend son manège.

« Reste tranquille, on t'a dit !

– J'ai soif, j'étouffe », murmure-t-elle.

Sans un mot, il la retire du coffre, l'allonge par terre et lui verse le quart d'un jerrican d'eau sur la tête.

« Tu as encore soif maintenant ? »

Nina, suffoquée, ses longs cheveux trempés, se tait.

Elle réalise qu'elle a affaire à des sauvages, il faut essayer de les amadouer, comme elle peut, et surtout ne pas les provoquer ! On lui retire le bandeau mouillé en maintenant sa tête contre le sol et on lui colle du sparadrap sur chaque œil, on lui remplace celui qu'elle avait sur la bouche. Après quoi, on la tire à travers la pinède comme un sac poubelle et on l'assoit contre un arbre, sur un coussin en plastique. Il leur reste quand même un peu de délicatesse, pense Nina. (Plus tard elle apprendra que le coussin avait été arraché de la banquette arrière de la Méhari.) L'un d'eux entreprend de lui attacher les chevilles. Elle les écarte légèrement pour essayer de gagner un peu de mou, mais l'homme n'est pas dupe de la manœuvre et il resserre davantage la prise. Après quoi, il noue l'autre extrémité de la corde à un arbre proche. Il s'adresse en arabe à son collègue.

« Ligote-la contre le tronc, et fais des nœuds solides car elle est maligne comme un singe.

– T'inquiète pas, je vais lui réserver un traitement de faveur ! »

Il serre si fort que les poignets de Nina, déjà meurtris par les menottes, s'écorchent contre le tronc rugueux. La douleur est si violente que tout son corps se tétanise, son visage se déforme tellement que le sparadrap qui couvre sa bouche cède sous la poussée du hurlement irrépressible qui comprimait sa poitrine. Surpris et furieux, l'homme lâche la corde, lui assène un coup de crosse de revolver sur la tête, un coup de poing à l'estomac et, nerveusement, lui serre le cou avec sa grosse main épaisse et puante. Nina comprend en l'espace d'un quart de seconde que, dans sa fureur, il peut la tuer si elle résiste. Simulant l'évanouissement, elle laisse tomber courageusement sa tête sur son épaule. La main desserre immédiatement son étreinte. L'homme panique.

« Merde ! je crois que j'ai serré un peu fort, elle ne respire plus. »

Inquiet, il lui tapote les joues. Elle pousse un faible râle. Rassuré, il lui donne une légère caresse, comme pour se faire pardonner.

« Ça va ? demandent ses acolytes toujours en arabe.

– Oui, oui, répond-il, gêné.

– Fais gaffe, ils la veulent vivante. »

Maintenant, Nina est complètement ligotée. Elle entend ces monstres puants s'activer autour d'elle. Que va-t-il se passer ? Elle s'inquiète d'autant plus qu'elle a senti son bustier glisser. Un mouvement et il se retrouve à la taille. Elle a également senti la fermeture Éclair de son pantalon s'entrouvrir. Et elle ne porte pas de slip ! Elle serre ses cuisses, rentre son ventre pour essayer de cacher au maximum son triangle doré. Mais, dans les gestes des terroristes, il n'y a aucun geste déplacé. Tels des robots, ils accomplissent minutieusement leur travail. Elle entend un craquement sinistre. Que sont-ils en train de manigancer ? Elle comprend l'origine de ce bruit, quand l'un d'entre eux lui entoure la tête avec un large sparadrap qui part des yeux jusqu'au menton encerclant tous ses cheveux avec !

Seule une mince fente, au niveau des narines, lui

permet de respirer. Elle les entend discuter : ils ont un problème de transport, elle ne saisit pas bien lequel. Une voix la fait sursauter. On s'adresse à elle en français :

« Reste tranquille, on va revenir dans une petite heure. Un des nôtres te surveille. Il a l'ordre de t'abattre sans pitié en cas de pépin. Sois sage, tu as tout à gagner. »

Nina joue l'endormie, pour calmer leur nervosité. Son courage et sa force lui tiennent jusqu'ici compagnie. Pas de panique, agis comme si tu tournais une séquence de film. De toute façon, cela ne te servirait à rien de t'évanouir de trouille. Tu dois rester lucide pour affronter tous les événements qui peuvent survenir d'une minute à l'autre. Quelle chance que tu aies eu l'idée d'aller embrasser Francis et Marinette chez *Sénéquier* et que tu en aies profité pour aller faire pipi ! Elle reste ainsi de très longues minutes en écoutant les bruits autour d'elle. Une voiture démarre, probablement celle des terroristes. Puis plus rien. Puis des va-et-vient incessants de voitures. Sur cette route très peu fréquentée, c'est bizarre. Ils lui ont dit de ne pas bouger, comment peut-elle bouger saucissonnée de la sorte ? Elle doit être curieuse à voir, attachée entre ses deux arbres et la tête entourée de bandelettes. Une scène digne d'un film de Hitchcock ! La chaleur est torride. Encore heureux que ces monstres aient eu la délicatesse de la placer à l'ombre. Quelle heure peut-il être ? Le temps s'étire démesurément.

Papinou doit être comme un fou, en train de la

chercher partout. Curieusement, autour d'elle, un silence pesant règne. Son gardien ne se manifeste pas. Il doit être assez loin d'elle car elle ne sent pas cette odeur nauséabonde qui les imprègne tous. Elle recommence à saliver pour décoller le sparadrap sur sa bouche. Elle a du mal à respirer, on ne lui a laissé qu'une fente très mince pour respirer par le nez. Elle salive calmement, obstinément. Puis elle commence à se frotter la joue gauche contre l'écorce de l'arbre afin de décoller la bandelette. Rien à faire, elle est trop large. Comme son garde-chiourme n'intervient toujours pas, elle s'enhardit. Elle ne désespère pas, elle frotte maintenant sa tempe contre l'écorce pendant de longues minutes. Elle se comporte comme une bête pour essayer de sauver sa peau. Par miracle, elle réussit à dégager un très mince espace, une fente comme un trait de crayon devant les yeux. En relevant la tête, elle entrevoit des formes. Elle essaie maintenant de se désentraver les pieds, mais elle ne réussit qu'à se blesser. Ses chevilles sont en sang, des filets chauds coulent sur la cambrure de ses pieds. Aux poignets, c'est l'horreur : à chaque mouvement, la corde tire sur les menottes, et des pointes rentrent dans sa chair. Elle ne savait pas que les menottes avaient des piques à l'intérieur ! Avec vigueur, elle continue à saliver pour décoller ce maudit sparadrap tout en s'aidant avec l'écorce de l'arbre. Enfin, elle parvient à dégager sa bouche ! Le ballet incessant de voitures sur la petite route recommence. La recherche-t-on ? Elle se met à penser à sa famille, à Hassan, que lui est-il arrivé ? À

Peter qui l'a oubliée. Elle songe souvent à lui, elle aimerait tant le revoir. S'il la savait dans cette situation, il serait comme un fou, elle en est sûre, il essaierait de la sauver. Qu'est-ce qui lui prend en ce moment de penser si fort à lui ? Elle aurait dû lui téléphoner à Dallas pour le prévenir de son départ. Peut-être serait-il venu la rejoindre à Saint-Tropez, elle a tellement besoin de lui en ce moment. Elle ne comprend pas ce qui lui arrive, au lieu d'avoir peur, elle se met à méditer sur Peter. Est-ce le danger qui fait voir les choses différemment ? Il y a au moins deux heures, si ce n'est plus, qu'elle se trouve dans cet endroit, prisonnière des terroristes. Que signifie ce grand coup de frein sur la petite route ? Des gens qui courent dans tous les sens, on dirait... Puis plus rien ! Nina tend davantage l'oreille, elle a l'impression d'être seule, que les terroristes l'ont abandonnée.

Doucement, très doucement, presque dans un murmure, elle appelle son gardien.

« Monsieur, monsieur, vous êtes là ? (Pas de réponse. Elle attend encore un long moment avant de renouveler son appel.) Monsieur, monsieur, répondez-moi, dit-elle légèrement plus fort. (Silence, un silence pesant seul lui répond, elle essaie encore un peu plus fort). Monsieur, monsieur, vous êtes là, je vous en supplie, donnez-moi à boire, j'ai soif ! (Personne ne répond. Elle ose crier plus fort.) Monsieur, monsieur ! »

Elle se tait subitement car s'il est là, il va venir la frapper, c'est sûr. Elle attend. Personne. Elle s'aperçoit alors que depuis de longues heures elle est seule dans la pinède, elle n'en comprend pas la raison. Peut-être vont-ils venir la chercher en pleine nuit pour ne pas se faire remarquer. Nina panique, la nuit lui fait peur, elle lui a toujours fait peur. À cette idée, elle pousse un grand cri, un hurlement de bête blessée, elle ne reconnaît même pas sa voix. Honteuse d'avoir craqué, elle reste à nouveau tranquille. Quelques minutes après, elle entend un nouveau coup de frein, le bruit de gens qui courent dans tous les sens, au loin sans doute. Mais non, des pas se rapprochent, se rapprochent de plus en plus, froissant des feuillages. Nina est terrifiée, ça y est, ils reviennent la tuer. Ils lui avaient dit de ne pas crier, sinon ils l'abattraient. Malgré la chaleur torride, elle claque des dents, elle perd le contrôle d'elle-même, elle se trouve en état de choc, prête à s'évanouir.

« Mademoiselle, mademoiselle où êtes-vous ? »

Nina, pétrifiée, retient sa respiration.

« Mademoiselle, répondez, où êtes-vous ? »

Elle soulève sa tête pour essayer de voir, à travers son mince filet de lumière. Stupéfaction : à travers les fourrés, elle distingue, à une cinquantaine de mètres, des uniformes bleus, coiffés de képis, qui avancent à la queue leu leu, bras tendus, revolver au poing ! Apparemment eux aussi ont la trouille !

Cette image, elle ne l'oubliera jamais. Elle se demande si ce ne sont pas de faux flics qui viennent pour la supprimer.

« Mademoiselle, n'ayez pas peur, c'est la police,

répondez-nous. »

Timidement elle dit, apeurée :

« Je suis là. »

Les policiers la découvrent enfin. Devant ce spectacle inattendu, ils restent cloués sur place. Des exclamations fusent :

« Mon Dieu, c'est pas possible de voir une chose pareille ! J'en ai pourtant vu dans ma vie, mais jamais à ce point ! »

L'accent chante fort chez ces policiers. Ils s'empressent autour d'elle.

« Pétard ! Tu as vu comme ils l'ont attachée cette pauvre gosse ! Regarde-moi ça, elle est en sang, la pauvre.

– Sors ton couteau pour couper cette corde.

– Regarde les menottes qu'ils lui ont mises ! Ce sont des menottes pour sadomasos. Ils sont dingues, ma parole, ses poignets sont en sang, et on n'a pas les clefs qu'il faut pour ouvrir ce bidule, il faut appeler un serrurier.

– Eh bé, ils l'ont pas arrangée la petite, pétard ! Quand je vais raconter ça à ma femme et à mes petits ! »

Nina, avant de s'évanouir, croit entendre la voix de Peter.

« Nina, mon amour, mon aimée, je suis là, c'est moi Peter, tu m'entends ? »

Il la prend dans ses bras, la couvre de baisers et la transporte dans le car de police, en direction de l'hôpital. Nina ouvre les yeux, elle ne rêve pas, c'est lui.

« Peter ! Oh, mon amour, je dois être affreuse à voir, n'est-ce pas ? murmure-t-elle. (Puis :) Remonte la fermeture Éclair de mon pantalon. Moi, avec mes poignets attachés, je ne peux pas le faire.

– La coquetterie reprend le dessus, chuchote Papinou en s'essuyant les yeux. C'est bon signe ! »

Quand elle arrive à l'hôpital, entourée de policiers, menottes aux poignets, sparadrap autour de la tête, les cordes attachées encore à ses chevilles, les patients s'écrient :

« Regardez-la, une terroriste ! C'est une terroriste ! »

C'est un comble, pense Nina. D'ici à ce qu'ils me lynchent ! On l'installe dans une salle de soins pour lui faire une piqûre calmante et soigner ses blessures. Le médecin lui demande si les kidnappeurs ont abusé d'elle.

« Non, sur ce point, ils ont été très corrects. Heureusement ! »

Très patiemment, une infirmière lui retire, à l'aide de glaçons, les bandelettes de sparadrap.

« Ils ne vous ont pas fait de cadeau ! »

Puis ce fut au tour du serrurier d'intervenir. À l'aide d'une tenaille de quarante centimètres de long au moins, il réussit à lui enlever ses menottes. Le médecin veut la garder un peu à l'hôpital car Nina est sous le choc encore. Mais elle insiste :

« Je veux rentrer chez moi, je veux prendre une douche ! »

Papinou et Peter attendent dans la salle d'attente où ils trépignent d'impatience. En silence, ils guettent la porte avec le même regard inquiet.

Peter !

Depuis son retour à Dallas, les images de Nina se bousculaient dans sa tête. La jeune fille lui manquait de plus en plus, sa fraîcheur, sa beauté, sa grande soif de vivre. Il était tellement bien avec elle ! Il rêvait d'elle jour et nuit, et cette folle nuit d'amour parfumait encore ses souvenirs. Tout paraissait fade, sans éclat maintenant. Il avait beau se raisonner, se dire que ce n'était qu'une belle aventure de vacances, rien n'y faisait, lorsqu'il appelait à Paris et qu'il entendait sa voix au téléphone, il était bouleversé, malade. Même en compagnie de Nancy, sa fiancée, il pensait à Nina, il ne pensait qu'à elle. Il avait fini par se confier à son père, qui lui avait suggéré de réfléchir encore avant de rompre ses fiançailles, de se donner un laps de temps avant de prendre une décision aussi grave. Nancy est une fille idéale pour lui, belle, intelligente, équilibrée, de leur milieu. Leur vie est déjà toute tracée dans le bonheur. Tandis que Nina, la petite sauvageonne comme l'appelle son père, à Dallas, elle se sentirait complètement déracinée et, lui, il ne pourrait jamais vivre dans un patelin français toute l'année ! Après des semaines, des mois de réflexion, Peter s'était décidé à essayer par tous les moyens de l'oublier. En vain. Il avait alors rompu ses fiançailles avec Nancy, qu'il trouvait de plus en plus superficielle, trop mondaine. Nancy était si sûre d'elle qu'elle ne faisait même plus aucun effort pour le séduire. Aussi, lorsqu'il lui a annoncé la nouvelle, ce fut comme si une bombe lui tombait sur la tête. Il eut droit à des scènes épouvantables qui n'eurent pour effet que de l'éloigner encore plus d'elle et d'accroître son amour pour Nina. Il restait insensible à ses crises de larmes, à son chantage au suicide. Sa décision était prise, irrévocable.

Dans l'avion qui le ramène à Paris, il échafaude mille projets pour leur avenir. Il va réaliser avec Nina ses rêves les plus insensés, il est comme un fou à l'idée de la revoir, de la serrer dans ses bras, de sentir son parfum, d'entendre sa voix. Après leur mariage, ils partageront leur vie entre Dallas, Saint-Tropez, Paris et des voyages autour du monde entier. Elle sera sa princesse, ils élèveront leurs enfants entre la France et les États-Unis. Il lui achètera une villa à Saint-Tropez, un ranch au Texas.
La voix de l'hôtesse le fait revenir sur terre : l'avion arrive à Roissy-Charles-de-Gaulle.

Dans le taxi qui le conduit à son hôtel, avenue Montaigne, Peter a une désagréable impression, comme un pressentiment. Nina ne considérera-t-elle pas son arrivée inopinée comme une intrusion insupportable dans son intimité ? Après un aussi long silence, acceptera-t-elle même de le revoir ? Il a agi égoïstement, sans se poser de questions. Peut-être ne l'aime-t-elle plus. Il est même fort possible qu'elle ait un autre amour.
À peine arrivé dans sa chambre, il lui téléphone. Un disque répond qu'il n'y a plus d'abonné à ce

numéro. Son cœur s'affole. Il sort aussitôt et se rend au domicile de Nina. Moyennant un bon pourboire, la concierge lui annonce que Nina est partie en vacances aux Antilles, qu'elle ne lui a pas laissé d'adresse pour faire suivre son courrier.

« C'est normal, ajoute-t-elle, en vacances les gens n'aiment pas que les factures les suivent... »

Déçu, mortifié, il retourne à son hôtel et appelle M. Roupilo. C'est Yvette qui répond.

« Oh, Peter ! Quelle surprise ! Comme je suis contente de vous entendre, vous téléphonez du Texas ?

– Pas du tout, je suis à Paris et je n'arrive pas à joindre Nina...

– Mais elle est ici, avec nous ! Elle est sortie avec mon mari. Appelez un peu plus tard.

– Comment, elle n'est pas aux Antilles ?

– Qu'est-ce que vous voulez qu'elle fasse aux Antilles ?

– Pensez-vous que cela lui ferait plaisir si je viens à Saint-Tropez ?

– Et comment ! Vous savez, elle ne vous a pas oublié. Je crois qu'elle est même très amoureuse de vous.

– Elle vous l'a dit ?

– Bien sûr ! Elle ne me cache rien. Et vous, vous l'aimez ? demande-t-elle sur un ton inquiet.

– J'en suis fou, Yvette, je ne peux plus vivre sans elle.

– Eh bien, vous venez la chercher et vous me la mariez ! »

Peter sourit. Sacrée Yvette, il n'y a que les gens du Midi pour vous parler aussi franchement.

« Je suis venu en France pour cela, la demander en mariage. »

Ah ! Pour une fois Yvette, suffoquée, manque de repartie !

« Vous croyez qu'elle acceptera ?

– Demandez-le-lui, mais surtout ne lui dites pas que je vous ai parlé, elle me passerait un de ces savons !

– Un savon ?

– C'est une expression de chez nous, cela veut dire qu'elle serait furieuse contre moi.

– Alors, je peux venir ?

– Venez vite, ce sera une magnifique surprise pour Nina. »

Peter raccroche, la tête lui tourne. Grâce à la complicité de Manny Yvette, il va pouvoir serrer Nina dans ses bras. Par le concierge de l'hôtel, il fait réserver un billet d'avion pour Toulon, pour le premier vol du lendemain matin, ainsi qu'une réservation au *Byblos*.

Yvette a gardé le secret. Toute guillerette, elle prépare un déjeuner soigné. Lorsque, à 13 heures, Peter arrive, M. Roupilo ne cache pas son étonnement. Il est également contrarié : ce n'est pas le moment de perturber Nina avec des mandolines ! L'heure tourne, toujours pas de Nina. Ce n'est pas dans ses habitudes à la petite de ne pas prévenir de son retard. Il se doute que quelque chose de grave s'est passé. C'est alors qu'avec des amis du réseau et avec Peter il entreprend des recherches.

Enfin la porte de la salle d'attente s'ouvre, interrompant leurs pensées. L'infirmière les informe que Nina désire rentrer chez elle et que son grand-père doit signer une décharge de responsabilité pour l'hôpital.

Peter installe M. Roupilo et Nina à l'arrière de sa voiture de location, et prend le volant. Nina demande qui a prévenu la police.

« C'est un jeune qui passait en vélomoteur qui t'a entendue crier, il a immédiatement averti son père qui travaille au commissariat. C'est grâce à ce gosse que la police est arrivée trois minutes après, sinon tu serais encore là-bas. Il faut d'ailleurs que j'y passe pour faire une déposition, toi, tu es convoquée aussi, demain !

– Il ne faut rien leur révéler. Si les policiers se mêlent de cette histoire, ils feront échouer tous nos plans et mettront Hassan en danger. Je vais inventer une histoire plausible, Manny est au courant ? Et toi, comment as-tu été prévenu ?

– Ne te voyant pas, je me suis tout de suite douté que quelque chose était arrivé. J'ai immédiatement avisé Tony, et on t'a cherchée partout. Puis Peter a voulu à tout prix m'accompagner. Par chance, nous étions sur la route lorsque le car de police est arrivé. La suite, tu la connais. »

Nina saisit subitement la main de Papinou, la serre nerveusement et couche la tête sur ses genoux en voyant venir, en sens inverse, une voiture.

« Ne regarde pas, ce sont eux ! »

Papinou comprend très vite. Les terroristes reviennent apparemment de l'endroit où ils avaient caché Nina. La voiture les a croisés rapidement, et ils n'ont pas vu Nina.

« Oui, ce sont eux, dit-elle, paniquée, j'ai reconnu celui qui m'a arrêtée sur la route ! Le seul qui était à visage découvert. (Peter ne comprend absolument rien à tous ces mystères. Nina répète la question restée sans réponse tout à l'heure.) Manny est au courant ?

– Non, on lui a dit que tu as eu un accident de voiture. Je lui ai téléphoné de l'hôpital pour la rassurer, lui dire qu'il y avait plus de peur que de mal. On a ramené la Méhari à la maison, ils l'avaient cachée sous une bâche, dans les fourrés ! »

Yvette les attend devant la porte, tordant nerveusement le coin de son tablier. Elle serre sa Nina dans ses bras en pleurant.

« Tu m'as fait faire un sang d'encre ! J'ai cru devenir folle en ne te voyant pas revenir, enfin tu es là, ma poupée, c'est l'essentiel ! Viens manger un morceau pour te remettre de tes émotions, Papinou m'a dit que c'était un chauffard qui a provoqué ce stupide accident. Ça ne m'étonne pas, quand ils arrivent tous ces *estrangers*, ils pensent qu'ils ont la priorité sur tout !

– Manny, je n'ai pas faim, j'ai seulement envie de prendre un bon bain chaud, tu m'aideras à sécher mes cheveux, je n'en aurai pas la force. »

Nina s'excuse auprès de Peter, ses émotions l'ont mise à plat, Peter s'éclipse discrètement. Pour le moment, Nina a surtout besoin de repos, d'autant plus que la piqûre commence à faire son effet.

Après avoir aidé Nina à sécher ses cheveux, Yvette l'installe dans son lit et la borde avec tendresse comme lorsqu'elle était petite fille. Puis elle s'éclipse sur la pointe des pieds, en ayant pris soin de bien tirer les rideaux pour ne pas que le jour pénètre. Nina s'est déjà endormie.

Elle se réveille en pleine nuit en poussant un hurlement de terreur. Yvette se précipite dans sa chambre.

« Qu'y a-t-il, ma chérie ? Qu'est-ce que tu as ? »

Nina, les yeux hagards, assise sur son lit, claque des dents. En apercevant sa Manny, elle se calme, se recouche, en tirant à elle ses draps jusqu'au cou.

« Excuse-moi. Un cauchemar. On venait pour me tuer.

– Quelle horreur ! Tu veux que j'aille te préparer une tisane, cela te fera du bien. »

Nina acquiesce. Yvette lui apporte un plateau avec la tisane et une coupe en porcelaine remplie de madeleines, sa spécialité.

« Tu n'as rien mangé de la journée, force-toi un peu. Tout va bien, ma douce, nous sommes là. »

Nina a les larmes aux yeux. C'est bon d'avoir ses grands-parents, de retrouver la chaleur d'un tel amour, de se laisser nourrir de tendresse. Eux seuls savent nous comprendre, tout nous donner, sans rien exiger en échange. Elle les aime tellement fort tous les deux. Ils sont toute sa vie, ils sont ses yeux. Et rien de tel qu'une maman, ou une Manny, pour consoler nos chagrins, les grands et les petits.

Nina se rendort, mais Yvette reste près d'elle jusqu'au petit matin à la regarder dormir. Lorsque Papinou se réveille, comme chaque matin, à 5 heures, il cherche sa femme et la trouve endormie dans le fauteuil près de sa Nina. Le spectacle l'émeut, et c'est avec les yeux humides qu'il se prépare son café.

Après une longue nuit de sommeil provoquée par la piqûre, Nina est réveillée à 10 heures par un coup de téléphone de Lotus la prévenant qu'elle partait au manoir car le ciel était très noir à Paris, elle ne pouvait lui en dire davantage. Nina n'insiste pas, et s'abstient de lui raconter son enlèvement. Elle lui demande seulement si elle peut venir la rejoindre quarante-huit heures chez elle. Elle doit lui parler. Lotus accepte avec joie.

« J'arrive demain. En fin de matinée, je serai au manoir.

– Alors, à demain, je t'attends pour le déjeuner. »

Papinou, voyant Nina remise de ses émotions, lui conseille de ne pas rester à Saint-Tropez pour le moment :

« Ils t'ont repérée, cela pourrait être dangereux pour toi, remonte à Paris, ou va rejoindre ta cousine à Avignon.

– Ne t'inquiète pas, je remonte à Paris pour quelques jours. »

Nina se rend à la police pour faire sa déposition. Elle dit à l'inspecteur qui l'interroge qu'on lui a pris ses bijoux, qu'apparemment c'étaient des jeunes voyous qui voulaient jouer aux gangsters et qu'elle ne portait pas plainte.

Pauvre Peter ! Jusqu'ici elle l'a tenu complètement à l'écart, alors qu'il a fait tout ce voyage pour elle. Le soir même, elle passe la nuit avec lui à son hôtel. Il lui déclare qu'il est venu pour l'épouser, qu'il ne peut se passer d'elle. Nina l'écoute, bouleversée. Ainsi donc, il l'aime au point de vouloir partager sa vie avec elle ! Son cœur est suspendu à une étoile. Elle se serre contre lui, lui dit qu'elle n'a jamais cessé de l'aimer mais que devant son silence elle avait essayé de l'oublier. Cependant, elle ne peut pas le suivre en ce moment, elle a une mission très importante à accomplir, qui passe même avant son bonheur.

Il l'écoute gravement, tente d'en savoir davantage, s'énerve : tout cela n'est-il pas un prétexte pour l'éloigner d'elle ? Y aurait-il un autre homme ? Pour la première fois, il lui fait une scène de jalousie.

« Et mon kidnapping ? Est-ce un prétexte pour t'éloigner de moi ?

– Mais tu as dit à la police qu'il s'agissait de voyous sans intérêt.

– C'est malheureusement plus grave que cela. J'ai été enlevée par des terroristes.

– Des terroristes ? Mais pourquoi as-tu menti à la

police ? Papinou est au courant ?

– Bien sûr ! Écoute, Peter, je t'en supplie, si tu m'aimes, ne me pose pas de question. Il faut que tu retournes à Dallas, ici le danger rôde pour tout le monde. Moi, je suis obligée de me cacher. Je dois remonter à Paris pour régler certaines choses urgentes. Je risque ma vie, et tu ne peux que me gêner dans cette horrible affaire.

– Nina, dis-moi tout, n'as-tu pas confiance en moi ?

– Si, bien sûr, mais ce secret ne m'appartient pas ! »

Devant son insistance, et sur l'oreiller de l'amour, elle finit par craquer et tout lui avouer en lui faisant jurer de garder le secret car il pourrait tout faire rater, s'il y avait une fuite quelconque.

Peter l'écoute en silence, un sentiment de fierté et d'amour coule en lui, et renforce l'admiration qu'il a pour elle, il la regarde avec un regard neuf, son courage et sa force, son amour patriotique pour son village méritent un profond respect de sa part, il sent s'amplifier en lui son amour pour elle.

Dans les bras de Peter, après l'enfer qu'elle vient de vivre, elle va retrouver un goût de paradis et nager dans l'extase de l'amour. Elle en avait tellement besoin !

Lorsqu'elle atterrit à Orly, elle téléphone à Lotus pour la prévenir de son arrivée. La ligne est toujours occupée. Tant pis, elle prend un taxi pour se rendre au manoir. En s'approchant de la grille d'entrée, elle aperçoit, au loin, deux voitures noires, au bas du perron, qui ne lui inspirent aucune confiance, elle ne sait pourquoi, un signal d'alarme se déclenche dans sa tête. Elle se fait déposer à l'arrière du manoir, où se trouve le service et l'entrée des livraisons, et règle le taxi qui repart aussitôt. Elle parcourt quelques mètres encore, après que le taxi a disparu, et se dirige vers une seconde porte, plus discrète, percée dans le mur qui ceint la propriété. Elle compose le code, entre. Le silence pesant qui règne l'inquiète. Non loin de là se trouve l'hélicoptère de Karim. Nina tente de se rassurer : il est donc là, il atterrit toujours à cet endroit, en prévision, peut-être, d'un départ précipité. Il avait même dit à Hassan, au cours d'un dîner intime, qu'il laissait toujours un double des clefs à l'intérieur, sous son siège. Mais ce silence l'inquiète toujours. Elle évite l'entrée de service et se dirige vers une trappe dissimulée derrière un buisson. Il s'agit d'un passage secret que Lotus et Karim leur avaient indiqué, à elle et à Hassan, au cas où...

Elle cache son sac de voyage dans un fourré, son cœur bat très fort lorsqu'elle soulève la trappe et descend par un escalier. Une forte odeur de terre mouillée la prend à la gorge. Elle cherche la minuterie. À ce moment, un énorme rat lui passe entre les pieds, elle a du mal à retenir un cri de dégoût, la peur s'enroule autour d'elle, elle se dit qu'elle est folle de prendre autant de risques, elle peut mourir là, personne ne saura la retrouver. Sa vieille copine, la claustrophobie, vient l'accompagner dans sa terreur, lorsqu'elle se retrouve tout à coup dans le noir complet. Qu'a-t-elle fait au Bon Dieu pour qu'il la mette dans des situations pareilles ? Mains en avant, elle touche enfin le mur du fond, tâtonne sur la droite pour trouver la seconde minuterie qu'elle sait être là. La lumière jaillit, blafarde. Elle retire une pierre, à hauteur d'homme, derrière laquelle se trouve un appareil digital. Elle compose le code 2222 que Karim leur avait indiqué. À son grand soulagement, elle entend un grincement, le mur devant elle s'ouvre. Elle remet la pierre en place et pénètre dans la cave. Prévoyant – on ne sait jamais – un retour précipité, elle retire de l'autre côté la pierre qui dissimule le clavier digital. Le mur se referme derrière elle avec un bruit sec. Elle est maintenant dans la cave, en trouve la clef, ouvre la porte et laisse celle-ci dans la serrure. Lotus va se moquer d'elle si ce sont des amis qui lui ont rendu visite, mais, pense-t-elle, avec tout ce qui m'arrive en ce moment, je préfère penser au pire ! C'est vrai qu'elle a toujours été du genre à mettre les alarmes avant d'être cambriolée ! Elle ouvre tout doucement la porte, des voix en arabe parviennent jusqu'à elle, provenant du grand salon, mais elle ne distingue pas ce qu'elles disent. Elle se glisse à l'intérieur de la maison en passant par l'office où elle espère trouver Ahmed, le fidèle serviteur de Lotus. Ce qu'elle voit la pétrifie d'horreur, Ahmed gît sur le sol, à plat ventre, dans une mare de sang. Au lieu de faire demi-tour et de s'enfuir, elle monte l'escalier qui conduit dans les chambres. Celle de Lotus est entrouverte. Son cœur bat si fort qu'elle a l'impression qu'on pourrait l'entendre à dix mètres. Elle pousse doucement la porte, personne. En revanche, la chambre est en désordre, ce qui n'est pas dans les habitudes de Lotus. Elle entre dans sa salle de bains. Le spectacle qui s'offre à ses yeux l'horrifie : Lotus est morte, noyée dans sa baignoire ! Nina mord sa main jusqu'au sang pour étouffer son cri de douleur et d'horreur. Elle sent, malgré la chaleur de juillet, le voile glacé de la mort la frôler. Elle sort en titubant, des voix menaçantes montent jusqu'à elle. Elles s'adressent à Karim, en arabe. Nina pense à appeler la police, mais elle craint, en décrochant le téléphone, que celui-ci fasse un déclic et attire leur attention. Maintenant, elle n'a pas le choix, il faut qu'elle sauve sa peau. Dans une minute, elle sera sauvée ou abattue, si elle parvient ou non à rejoindre la cave. À ce moment-là, elle entend une déflagration, le bruit sourd d'un corps qui s'abat. Elle court vers l'office, bouscule une chaise qui tombe sur le carrelage. Elle entend des pas précipités, elle a juste le temps de refermer la porte de la cave à clef, de faire fonctionner le clavier digital resté ouvert et de remettre la pierre en place. Le mur se referme derrière elle lorsque les terroristes tirent sur la serrure de la cave. Elle court comme une folle, la peur lui donne des ailes au lieu de la paralyser. Enfin, elle se retrouve à l'extérieur. Avec des gestes mécaniques, elle remet la trappe en place, reprend son sac dans le fourré et court vers l'hélicoptère en priant Dieu que le double de la clef s'y trouve. Oui, la clef est bien là. Elle lance le moteur et s'élève dans le ciel en direction de Paris. Sur le perron, les terroristes gesticulent de rage. Seule dans le ciel, Nina crie sa douleur, des vagues de larmes inondent ses yeux et son visage. Tout bourdonne dans sa tête. Arrivée à Orly, elle demande la permission à la tour de contrôle d'atterrir d'urgence, prétextant des ennuis mécanique. Le danger lui donne tous les culots. Marche ou crève, c'est la loi de la vie, voilà ce qu'elle vient d'apprendre en très peu de temps. Où est la petite Tropézienne qui vivait de rêves bleus ? Le nuage rose où clignotait son bonheur est remplacé par de sombres nuées menaçantes. Elle téléphone à la police pour la prévenir du double meurtre et donne l'adresse du manoir, sans décliner son identité. Elle craint même que le chauffeur de taxi ne donne son signalement. En ce moment, avec ses lunettes noires et ses cheveux ramassés sous une casquette, elle est méconnaissable. Elle prend quand même la précaution d'aller se changer dans les toilettes de l'aéroport, on ne sait jamais ! Puis elle appelle Tony pour lui annoncer qu'ici le ciel était très, très noir. Il lui répond qu'à Saint-Tropez il devient gris. Elle lui demande alors de lui trouver un endroit où la loger pour ce soir : elle prend l'avion dans une heure et demie. Qu'il n'en parle surtout pas à Papinou.

« Je viens te chercher, je t'attendrai à l'entrée du parking juste à droite. J'ai une solution pour toi, à tout à l'heure. »

Quelle merveille, ce Tony, heureusement qu'elle l'a. C'est avec soulagement qu'elle le retrouve. Elle ne veut pas encore lui parler de l'horreur qu'elle vient de vivre. La vision de Lotus, morte dans sa baignoire, ne la quitte pas. Mais elle a beau essayer de se contenir, elle éclate en sanglots, la douleur est trop forte, elle n'en peut plus.

« C'est pas possible, non c'est pas possible !

– Qu'y a-t-il, Nina ?

– Ces monstres ont tué Lotus, ils ont tué ma Lotus ! Tu comprends ? »

Entre deux sanglots, elle lui raconte tout, soulagée de se confier à quelqu'un de sûr. Tout ce qu'elle vit en ce moment est trop lourd pour elle, elle sait que ce n'est pas terminé, que le plus dur reste à faire. Il faut qu'elle choisisse entre la déprime ou le sauvetage de son village. Tony ne dit pas un mot, il admire cette gamine qui, en l'espace de peu de temps, est devenue une vraie femme.

« Je suis fier de toi, Nina, fier de ton courage et de ta force. Il est normal que tu craques maintenant. Pleure, ça te libérera, mais ton calvaire n'est malheureusement pas terminé. Nous avons encore besoin de toi. Les bateaux du prince sont à l'eau depuis le jour de ton kidnapping. Il a donné des ordres, paraît-il.

– On ne pouvait pas empêcher cela ?

– Comment ? Le bureau n'est au courant de rien, ils suivent les ordres des clients. Ce qui m'inquiète, c'est que Jo, le marin, a aperçu à plusieurs reprises des hommes rôder autour des bateaux. Demain, c'est le 14 Juillet, tous les plus beaux yachts sont là, avec leurs milliardaires à bord, la foule s'amasse sur les quais. On m'a signalé un fait étrange : la présence de navires de guerre américains, à Monte-Carlo, à Cannes et au large de Saint-Tropez depuis deux jours. Peut-être la Maison-Blanche a-t-elle eu vent d'un éventuel attentat et veut-elle protéger ses ressortissants ? Ils pullulent en ce moment sur la Côte. On a tous l'impression d'une surveillance permanente. On ne sait pas si c'est la police militaire ou les terroristes ! Il y a dans l'air une tempête qui se prépare. C'est pourquoi nous nous relayons sans cesse. Cette nuit, c'est le groupe de Franck qui est de garde, demain soir, c'est moi. »

Nina l'écoute attentivement. Tout à coup elle pense à Peter. Ne serait-ce pas lui qui aurait prévenu Interpol ? Elle chasse ses pensées qui la troublent. Dehors le mistral souffle de plus en plus fort.

« Pétard ! s'écrie Tony, je n'aurais pas dû prendre la forêt de Dom. On y a annoncé des débuts d'incendie et, avec ce mistral, ça va être une catastrophe. Regarde ! »

Effectivement, au loin, d'énormes panaches de fumée obscurcissent le ciel. Plus la voiture avance, plus Nina découvre une vision dantesque. Les collines alentour sont transformées en brasier. Le feu dévore les pinèdes, les forêts de chênes-lièges. Il se propage à une vitesse hallucinante. Des flammes de dix mètres de hauteur se tordent, torturent férocement le paysage, ravagent tout.

« C'est affreux, c'est horrible ! Tant d'horreurs autour de moi, je n'en peux plus », dit Nina en baissant la vitre pour respirer un peu d'air. Elle se sent mal, prête à s'évanouir. L'air est chargé d'une odeur de brûlé. Et devient suffocant. Le ciel s'ensanglante sous sa chape d'énormes volutes noires. Des frissons glacés parcourent Nina.

« Tu imagines tous ces gens cernés par le feu, qui perdent en quelques secondes tous leurs biens, toute une vie de travail. Ils se retrouvent sans rien, avec parfois sur le dos le crédit d'une maison, partie en fumée, à rembourser ! Je n'ai pas le droit de pleurer sur moi, dit-elle en essuyant ses yeux noyés de larmes.

– C'est bien, Nina, j'aime ta réaction. Tu es là, vivante, n'est-ce pas l'essentiel ? »

Tony la conduit dans une petite maison à l'intérieur des terres. C'est Nono qui la lui prête, un garçon merveilleux, un restaurateur qui a le cœur sur la main, c'est la raison pour laquelle il se fait toujours avoir quand son cœur frétille. Quand Tony lui a demandé ce service, il n'a pas hésité une seconde.

« Pour ma Nina, tout ce qu'elle veut. Je vais envoyer un de mes garçons lui remplir le Frigidaire pour qu'elle ne manque de rien ! Et qu'elle m'appelle si elle a besoin de quoi que ce soit. »

Son geste la réconforte. Elle retrouve, l'espace d'un instant, le Saint-Tropez d'avant ses drames, quand elle allait dîner chez Nono dans un restaurant toujours plein à craquer de touristes, de stars, de personnalités internationales, mais aussi de Tropéziens, tous unis dans la même joie de vivre. Car Nono a su rester simple et généreux, le succès ne lui a pas monté à la tête comme tant d'autres !

« Voilà, dit Tony, j'espère qu'il ne manque rien. Ici, personne ne viendra te chercher, tu as le téléphone et, en cas de panne de secteur, tu as un autre poste, branché directement avec les PTT. C'est une combine à nous. (Il lui remet aussi un boîtier :) Ça, tu le gardes toujours près de toi. En cas de danger, tu appuies sur le bouton, il est relié à un service de télésurveillance. Voici le code, en cas d'erreur, et leur numéro de téléphone. Tout est inscrit sur cette fiche. »

Après son départ, Nina se barricade.

Dans ce petit nid, tout est impeccable. Les draps sont mis et sentent la lavande. Nina prend une douche et se couche, mais les images de Lotus la hantent. Elle a des haut-le-cœur, elle se sent au fond d'un gouffre. Elle repense à sa petite vie tranquille chez ses parents, avec Sophie à Nice, elle la revoit encore, les écouteurs autour de la tête en train de danser au son d'une musique endiablée mais inaudible pour Nina. Elle l'appelait, criait, mais Sophie continuait à danser en poussant des cris de joie, elle était comique ainsi. Aujourd'hui, elle a rencontré un garçon très bien, et ils vont se marier. Quant à elle, son destin lui a réservé d'immenses surprises suivies d'horreurs. Cette sombre nuit la prend à la gorge. Tout éveillée, elle se débat dans des cauchemars abominables où les ténèbres sont peuplées de monstres visqueux. Chaque jour, la vie lui verse quelques gouttes de poison noir. L'atroce ironie du sort la frappe cruellement et la mutile un peu plus chaque jour. Le beau yacht de ses chimères a sombré.

Il est environ 22 heures, le mistral souffle toujours aussi fort, cette maison isolée l'angoisse. Dehors, le vent dans sa folie fait surgir des ombres d'apparence humaine ou monstrueuses. Son chant résonne lugubrement dans la pinède, il siffle sa haine avec violence, s'acharnant sur un volet mal fermé qui claque comme un pétard sur les branches qui craquent. La maison elle-même vibre. Nina est terrifiée. S'ils savaient qu'elle est là, ils pourraient la faire brûler vive en craquant une seule allumette. Elle repense aux incendies qu'elle a vus cet après-midi. Le nez collé à la vitre, dans le noir complet, elle regarde, avec effroi, ces ombres terrifiantes qui se tordent sous ses yeux. La panique l'a saisie et ne la quitte pas, elle préférerait encore mourir par l'eau que par le feu. De toute façon, il n'y a rien à faire qu'à attendre le petit matin. Elle sursaute, elle croit entendre comme des bruits de pas à l'extérieur. Non, c'est le vent probablement, ce maudit vent qui la torture. Ses yeux se sèchent et brûlent de fatigue. Elle finit par s'endormir à l'aube, épuisée par cette longue nuit de terreur.

Le lendemain, elle passe toute la matinée à dormir. Le soir, Tony l'appelle.

- « Nina, il faut à tout prix que tu joignes Hassan, il doit être au courant du plan des terroristes. »

– Mais comment ? C'est Lotus qui nous servait de

relais.

– Il a bien des amis, des relations, dont il a parlé. Réfléchis.

– Est-ce que je peux appeler l'étranger d'ici ?

– Hélas, non, Nono a fait mettre une ligne départementale uniquement.

– Et si j'ai besoin de me déplacer ?

– Il y a une moto dans le garage. »

Nina raccroche, songeuse. Comment faire pour joindre Hassan ? Qui pourrait la renseigner ? Le concierge de l'hôtel de l'avenue Montaigne ? Tout à coup, elle a un flash, mais oui, quelle gourde ! Comment n'y avait-elle pas pensé avant ! Lorsqu'elle a connu Hassan, il lui avait donné sa ligne privée. « Elle me joint, lui avait-il dit, jour et nuit, où que je sois. » Elle ne s'en était jamais servi, respectant son intimité, mais aujourd'hui, les circonstances l'exigent. Elle se prépare à toute vitesse, laisse un mot sur la table de la cuisine :

Il est 22 h 30, je vais téléphoner, je reviens tout de suite.
Nina.

Dehors, le mistral s'est calmé. D'après les infos, le feu est, paraît-il, pratiquement éteint, mais il y a énormément de dégâts. Elle sort la moto du garage, il doit y avoir une fuite d'essence car elle remarque une flaque, près de la roue arrière. La nuit est tombée, épaisse, traversée de fumées noires. L'air est chargé d'une odeur de brûlé. Les phares de la moto éclairent faiblement la route. Pas une seule maison à l'entour, pas une âme qui vive. Tout à coup, elle panique : la moto a des ratés, crache et finit par s'arrêter. Nina peste dans le noir, essaie de se calmer pour tenter de faire redémarrer son engin, mais celui-ci ne veut rien entendre. Elle n'a d'autre solution que de continuer à pied. Les phares allumés la guident pendant une dizaine de mètres, après quoi, elle se trouve dans le noir complet ! Les quelques rares étoiles sont cachées par d'énormes nuages de fumée. Elle aurait dû emmener une torche, mais comment prévoir ? La nuit l'enveloppe de son épais manteau.

Au loin, elle aperçoit des phares, ça y est, elle est sauvée, est-ce Tony ? La voiture vient dans sa direction, les phares se rapprochent de plus en plus. Elle se plante au milieu de la route, agite les bras. La voiture pile devant elle. C'est une vieille 4 L toute cabossée, mais pour elle, en ce moment, c'est une Rolls. Elle se penche, et sursaute ; un homme hirsute, crasseux, dépenaillé, la regarde avec des yeux qui lui sortent de la tête ! Elle ne se démonte pas, à la guerre comme à la guerre ! pense-t-elle. Sur un ton désinvolte et le plus ferme possible, elle lui dit :

« Je suis tombée en panne de moto, j'ai de la chance que vous soyez passé par là. »

L'homme la regarde bizarrement, la dévisage.

« Qu'est-ce que vous en savez ? »

Nina ferme les yeux un court instant, appelant son courage à son secours.

« Où est votre moto ?

– Derrière, un peu plus loin.

– Montez ! On va voir ce qu'elle a.

– Je préfère que vous me déposiez au village.

– Après. Il faut d'abord voir ce qu'elle a, peut-être que ce n'est rien, je suis un peu bricoleur. Allez, montez au lieu de rester plantée là ! »

Nina n'a pas le choix, elle monte dans la guimbarde puante, mais elle garde la main sur la poignée et ne ferme pas complètement la portière. Au moindre geste suspect, elle saute de la voiture, même en marche ! Il fait demi-tour, mais, pour cela, il faut qu'il emprunte un petit chemin en marche arrière. Elle essaie de se détendre. Le regard de cet homme plonge sur ses cuisses bronzées que sa jupe au ras du bonheur dévoile. Quelle idée ai-je eue de m'habiller de la sorte, mais comment pouvais-je prévoir ? La voix de l'homme tremblante et hachée murmure :

« Excusez-moi, je suis tout troublé. C'est la première fois de ma vie qu'en pleine nuit une aussi jolie fille m'arrête. Avec votre physique de star, vos cheveux blonds qui se détachent de la nuit et votre parfum dans ma vieille voiture pourrie, je me sens tout... Je ne pensais pas qu'une chose pareille pouvait m'arriver un jour.

– Remettez-vous, dit froidement Nina, vos compliments me flattent, mais je suis pressée, mon parrain, le commissaire de police, m'attend, j'ai déjà pris pas mal de retard, et soucieux comme il est, si je tarde un peu trop, il va envoyer un car de police à ma rencontre !

– Excusez-moi.

– Que faites-vous à cette heure sur cette route isolée ? Je présume que vous ne travaillez pas aussi tard. Je connais les environs, et il y a très peu de maisons aux alentours.

– Je suis gardien à la villa Les Mimosas, ma femme vient juste d'accoucher, je pars la rejoindre à l'hôpital.

– Félicitations, répond Nina soulagée, c'est un garçon ?

– Non, une fille. »

Cette conversation détend l'atmosphère. Ce pauvre homme est encore tout chose, sûr que dans sa tête sa libido a travaillé à une vitesse vertigineuse car il semble encore très troublé. Elle a eu malgré tout une chance inouïe d'être tombée sur lui. Quelqu'un d'autre aurait sûrement tenté d'abuser de la situation. Malgré tous ses efforts, la moto ne redémarre pas.

« Tant pis, dit-il, je vous conduis au village. »

Sur le chemin il lui parle de son épouse, de sa joie d'être père, mais elle sent toujours peser sur elle son regard pensif. Lorsqu'il la dépose place de la Garonne, il lui dit au revoir avec des yeux de merlan frit.

Pendant que la voiture s'éloigne, Nina éclate de rire nerveusement. Il n'y a qu'à elle que ce genre de choses arrive !

Elle se précipite dans une cabine téléphonique qui se trouve en face du commissariat. En tremblant elle compose le numéro, ça sonne, ça sonne, mais personne ne répond. Elle raccroche et refait une deuxième tentative. Enfin, elle entend un déclic, mais personne ne parle. Elle s'aventure timidement à parler avec une petite voix craintive.

« Allô ! Allô ! Hassan ? Tu es là ?

– ...

– Allô ! c'est moi, réponds !

– Je suis là.

– Hassan, il faut que je te parle, Lotus, c'est affreux, elle est morte, ils l'ont tuée ! »

Elle entend un bruit bizarre à l'autre bout de la ligne et des chuchotements. Peut-être ne peut-il lui parler ?

« Allô ! Hassan, veux-tu que je te rappelle ?

– Oui... »

Les chuchotements reprennent derrière lui, précipités.

« Non, non, rejoins-moi.

– Où ? À Paris ?

– À Saint-Tropez...

– À Saint-Tropez, mais où ?

– Sur... (il hésite) sur mon yacht...

– Où est-il amarré ?

– Sur le nouveau port...

– Hassan, qu'y a-t-il, tu es malade ? Je te trouve bizarre.

– Non, non, ne viens... »

La communication est coupée.

Qu'est-ce que cela signifie ? Elle appelle Paris et elle tombe sur lui à Saint-Tropez, il a dû faire un transfert de ligne. Il faut qu'elle appelle Tony pour le prévenir qu'Hassan est à Saint-Tropez. Malheureusement, son numéro ne répond pas. Il est vrai que c'est le 14 Juillet, sa femme a dû emmener les enfants à la fête, et elle se rappelle que Tony est de garde ce soir. Elle coupe par les petites ruelles, une foule dense la bouscule. Le bateau est bien là, au nouveau port. Elle grimpe sur la passerelle, pénètre à l'intérieur, on dirait qu'il n'y a personne. Soudain, un homme surgit dans son dos, la maîtrise et lui applique une main sur la bouche.

« Ne crie pas sinon tu vas rejoindre ta copine. »

Cette fois-ci, tous les visages sont à découvert, et les terroristes portent tous un smoking ! Nina cherche Hassan du regard. Elle l'aperçoit ligoté sur une chaise, mort ! Une balle lui a traversé la tempe, le sang continue à couler sur son visage baissé. Elle veut pousser un cri, mais la main sur sa bouche se resserre. Ils la font asseoir sur une chaise, lui braquant un revolver sur la tempe. Ils se mettent à discuter durement en arabe, insultant celui qui s'était occupé d'elle à l'arrivée, elle croit même le reconnaître, elle est sûre que c'est lui qui a failli l'étrangler, leurs regards se croisent, elle lit dans le sien une sorte de haine, qui ne s'adresse pas à elle, mais à ses acolytes.

Leur discussion en arabe révèle leur plan à Nina. Ils ont obligé Hassan à téléphoner au capitaine du port pour avoir la permission de débarquer des invités devant chez *Sénéquier*. Ils vont se débarrasser de Nina en la ligotant dans la cabine de l'offshore. Après quoi, depuis la Citadelle, des complices vont faire sauter le bateau à l'aide d'une bombe à retardement. La charge est suffisamment forte pour détruire le port. Ils sont sûrs de ne pas rater leur coup. L'affreux terroriste qui s'était occupé d'elle la prend brutalement par le bras et la maltraite devant ses collègues.

« Allez, viens, au moindre geste de ta part, je t'abats », lui dit-il, en la tirant violemment sur le pont.

Ils enjambent l'offshore qui se trouve juste à côté du yacht. Mais dans la cabine, seul avec elle, son attitude change, il fait semblant de l'attacher et la bâillonner, et lui tapote gentiment la joue.

Nina le remercie de ses yeux humides, comprend qu'il veut la sauver. Elle venait de prier, deux minutes avant, son Saint Torpès et de demander à Dieu un miracle.

Les terroristes les rejoignent. L'offshore s'éloigne pour se diriger au port, entre *Sénéquier* et *Le Gorille*. Ils l'amarrent, descendent tranquillement sur le quai et se fondent dans la foule indifférente.

Nina a déjà délié ses liens. La bombe est sous ses yeux, son tic-tac déchire son cœur. Elle se précipite à l'extérieur en essayant de décrocher les cordes qui retiennent le bateau. Deux hommes viennent à son aide. Nina comprend que ce sont des policiers.

« Dépêchez-vous, crie-t-elle, il y a une bombe. »

Ils sautent sur le bateau. Nina est déjà au volant, par miracle la clef se trouve sur le tableau de bord. Elle met le moteur en marche.

« Vite, vite ! » disent les policiers.

Elle démarre à toute vitesse pour rejoindre le large. Ils ont juste le temps de sauter dans la mer, faire quelques brasses que le bateau explose, en même temps que le feu d'artifice.

L'onde de choc est si violente que Nina perd connaissance. L'un des policiers la soutient tout en nageant. Enfin, les secours arrivent. Tony, aidé d'un ami, repêche Nina et les deux hommes épuisés qui ne sont autres que des agents de l'Interpol, alertés par Peter.

Sur le port, la fête bat son plein, personne ne s'est rendu compte de rien. L'explosion ayant été couverte par le feu d'artifice. Au large, d'immenses flammes continuent à consumer les débris du bateau.

L'ambulance des sapeurs-pompiers conduit Nina, grièvement blessée par des éclats, à l'hôpital. Peter, en larmes, se trouve près d'elle. Il lui prend sa main glacée dans les siennes, la couvre de baisers comme pour la réchauffer.

« Nina, mon amour, ma vie, je t'aime, je t'aime, mon rêve. Tu m'entends ! C'est fini, maintenant, tu l'as sauvé, ton village. Je suis là, je ne te quitterai plus. »

Nina ouvre péniblement les yeux, l'appelle dans son délire.

« Peter, mon amour, j'ai peur... »

Et elle sombre dans un profond coma.

« Il faut que tu vives, ma Nina, il faut que tu vives. J'ai tant besoin de toi ! » murmure Peter, la voix tremblante d'émotion.

L'ambulance hurle au milieu de cette foule nonchalante qui l'empêche d'avancer. Elle finit par se frayer un passage, et se fond dans la nuit.

Table des matières